AF897117

Diretrizes da OCDE para Empresas Multinacionais sobre Conduta Empresarial Responsável

OCDE

POLÍTICAS MELHORES PARA UMA VIDA MELHOR

A revisão de 2023 das *Diretrizes para Empresas Multinacionais sobre Conduta Empresarial Responsável* foi adotada pelos Países Signatários da Declaração sobre Investimento Internacional e Empresas Multinacionais [OECD/LEGAL/0144]. A Decisão relativa às *Diretrizes para Empresas Multinacionais sobre Conduta Empresarial Responsável* [OECD/LEGAL/0307] foi adotada a nível Ministerial pelo Conselho da OCDE. Os Comentários sobre as *Diretrizes* e sobre a *Decisão* foram aprovados pelo Comitê de Investimentos da OCDE. O Prefácio é publicado sob a responsabilidade do Secretário-Geral da OCDE e não reflete necessariamente as opiniões oficiais dos países membros da OCDE.

Este documento e qualquer mapa aqui incluído foi elaborado sem prejuízo do status ou soberania de qualquer território, da delimitação de limites e fronteiras internacionais e do nome do território, cidade ou área.

Por favor, cite esta publicação como:
OECD (2023), *Diretrizes da OCDE para Empresas Multinacionais sobre Conduta Empresarial Responsável*, OECD Publishing, Paris, https://doi.org/10.1787/663b7592-pt.

ISBN 978-92-64-83501-6 (impresso)
ISBN 978-92-64-49528-9 (pdf)

Publicado originalmente pela OCDE sob o título: OECD (2023), *OECD Guidelines for Multinational Enterprises on Responsible Business Conduct*, OECD Publishing, Paris, https://doi.org/10.1787/81f92357-en.
Esta tradução foi contratada pela Direção dos Assuntos Financeiros e Empresariais e a sua precisão não pode ser garantida pela OCDE. As únicas versões oficiais são os textos em inglês e/ou francês.

As erratas das publicações da OCDE podem ser acessadas online em: www.oecd.org/about/publishing/corrigenda.htm.

Introdução

As *Diretrizes da* OCDE *para Empresas Multinacionais sobre Conduta Empresarial Responsável* (as *Diretrizes*) são recomendações dirigidas conjuntamente pelos governos às empresas multinacionais para incentivar as contribuições das mesmas para o desenvolvimento sustentável e abordar os impactos adversos associados às suas atividades nas pessoas, no planeta e na sociedade. As *Diretrizes* são apoiadas por um mecanismo exclusivo de implementação, os Pontos de Contato Nacionais para a Conduta Empresarial Responsável (PCNs), criados pelos governos para promover a efetividade das *Diretrizes*.

Desde a sua apresentação em 1976, as *Diretrizes* têm sido continuamente atualizadas para se manterem adequadas à sua finalidade, à luz dos desafios sociais e do contexto em constante evolução das empresas internacionais. A atualização de 2023 reflete uma década de experiência desde a sua última revisão em 2011 e responde às prioridades sociais, ambientais e tecnológicas emergentes que as sociedades e empresas enfrentam. As principais atualizações incluem:

- Recomendações para as empresas se alinharem com os objetivos acordados internacionalmente em matéria de alterações climáticas e biodiversidade;
- Inclusão de expectativas de devida diligência sobre o desenvolvimento, financiamento, comercialização, licenciamento, comércio e uso de tecnologia, incluindo recolha e uso de dados;
- Recomendações sobre a forma como se espera que as empresas realizem a devida diligência dos seus impactos e relações comerciais no que diz respeito à utilização dos seus produtos e serviços;
- Melhor proteção dos grupos de risco e das pessoas, incluindo as que manifestam preocupações quanto ao exercício das atividades das empresas;
- Recomendações atualizadas para a divulgação de informações sobre conduta empresarial responsável;
- Recomendações de devida diligência, abrangendo todas as formas de corrupção;
- Recomendações às empresas para garantir que as atividades de lobbying sejam coerentes com as *Diretrizes;*
- Procedimentos reforçados para assegurar a visibilidade, a eficácia e a equivalência funcional dos Pontos de Contato Nacionais para a Conduta Empresarial Responsável.

A atualização foi realizada pelos 51 Governos Signatários da Declaração da OCDE sobre Investimento Internacional e Empresas Multinacionais e a União Europeia que participa no Grupo de Trabalho da OCDE sobre Conduta Empresarial Responsável e no Comité de Investimentos da OCDE. A atualização contou com a estreita colaboração dos stakeholders institucionais, o Comité Consultivo das Empresas e Indústria da OCDE (BIAC), o Comité Consultivo Sindical da OCDE (TUAC) e o Comité Consultivo das Organizações da Sociedade Civil da OCDE (OECD Watch), representando as opiniões de milhões de empresas, trabalhadores e membros da sociedade civil em todo o mundo. O processo também incluiu duas consultas públicas abertas a partes interessadas de todo o mundo.

Os órgãos da OCDE e os seus respetivos Secretariados foram consultados e contribuíram com as revisões dos capítulos temáticos das *Diretrizes*, incluindo o Comité de Concorrência; o Comité de Política do Consumidor; o Comité de Governação Empresarial; o Comité de Assistência ao Desenvolvimento; o Comité de Política de Economia Digital; o Comité de Emprego, Trabalho e Assuntos Sociais; o Comité de Política Ambiental; o Comité de Mercados Financeiros; o Comité de Assuntos Fiscais; o Comité de Indústria, Inovação e Empreendedorismo; o Comité de Seguros e Pensões Privadas; o Comité de Política Científica e Tecnológica; o Comité das PME e do Empreendedorismo; o Comité de Comércio; o Grupo de

Trabalho sobre Suborno em Transações Comerciais Internacionais; e o Grupo de Trabalho de Altos Funcionários de Integridade Pública.

A atualização recebeu pleno apoio do Centro de Conduta Empresarial Responsável da OCDE, na Direção dos Assuntos Financeiros e Empresariais.

Índice

Introdução 3

Declaração sobre Investimento Internacional e Empresas Multinacionais 7

Parte I: Diretrizes da OCDE para Empresas Multinacionais sobre Conduta Empresarial Responsável 9

Prefácio 10

I. Conceitos e Princípios 12

II. Políticas Gerais 14

III. Divulgação de Informação 22

IV. Direitos humanos 26

V. Emprego e Relações de Trabalho 30

VI. Ambiente 35

VII. Combate ao Suborno e a Outras Formas de Corrupção 42

VIII. Interesses do Consumidor 46

IX. Ciência, Tecnologia e Inovação 50

X. Concorrência 54

XI. Tributação 56

Parte II: Procedimentos de Implementação das Diretrizes da OCDE para Empresas Multinacionais sobre Conduta Empresarial Responsável 59

Decisão do Conselho sobre as Diretrizes para Empresas Multinacionais sobre Conduta Empresarial Responsável 60

Procedimentos 63

Comentários sobre os Procedimentos de Implementação 69

Acompanhe as publicações da OCDE em:

https://twitter.com/OECD

https://www.facebook.com/theOECD

https://www.linkedin.com/company/organisation-eco-cooperation-development-organisation-cooperation-developpement-eco/

https://www.youtube.com/user/OECDiLibrary

https://www.oecd.org/newsletters/

Declaração sobre Investimento Internacional e Empresas Multinacionais

OS GOVERNOS SIGNATÁRIOS[1]

CONSIDERANDO:

- Que o investimento internacional é da maior importância para a economia mundial e que tem contribuído significativamente para o desenvolvimento dos países;
- Que as empresas multinacionais desempenham um papel importante no processo de investimento;
- Que a cooperação internacional pode melhorar o clima de investimento estrangeiro, estimular a contribuição positiva que as empresas multinacionais podem fazer para o progresso económico, social e ambiental e para minimizar e resolver as dificuldades que podem surgir das suas operações;
- Que os benefícios da cooperação internacional são reforçados ao se tratar de questões relativas ao investimento internacional e empresas multinacionais através de um conjunto equilibrado de instrumentos interdependentes;

DECLARARAM:

Diretrizes para as Empresas Multinacionais

I. Que recomendam conjuntamente às empresas multinacionais que operam nos, ou a partir dos seus territórios, a observância das *Diretrizes*, constantes do Anexo 1 desta Declaração[2], tendo em conta as considerações e entendimentos estabelecidos no Prefácio e que são parte integrante das Diretrizes;

Tratamento Nacional

II. 1. Que os governos signatários devem - de acordo com as suas necessidades de manutenção da ordem pública, proteção dos seus interesses fundamentais de segurança e cumprimento dos compromissos relativos à paz e segurança internacionais - conceder a empresas que operam nos seus territórios, e que sejam propriedade ou controladas direta ou indiretamente por nacionais de outro governo signatário

[1] A partir de 8 de junho de 2023, todos os membros da OCDE são Governos Signatários, assim como a Argentina, Brasil, Bulgária, Croácia, Egito, Jordânia, Cazaquistão, Marrocos, Peru, Roménia, Tunísia, Ucrânia e Uruguai. A União Europeia foi convidada a associar-se à secção de Tratamento Nacional nas matérias da sua competência.

[2] O texto das *Diretrizes para Empresas Multinacionais sobre Conduta Empresarial Responsável* é reproduzido na Parte I desta publicação.

(doravante denominadas "Empresas sob controlo estrangeiro") tratamento, nos termos das suas leis, regulamentos e práticas administrativas, de acordo com o direito internacional e não menos favorável do que o concedido em situações similares a empresas nacionais (doravante denominado "Tratamento Nacional");

2. Que os governos signatários considerarão a aplicação do "Tratamento Nacional" em relação a outros países, para além dos governos signatários;

3. Que os governos signatários envidarão esforços para garantir que as suas subdivisões territoriais apliquem o "Tratamento Nacional";

4. Que esta Declaração não contempla o direito dos governos signatários de regular a entrada de investimentos estrangeiros ou das condições para o estabelecimento de empresas estrangeiras;

Requisitos Contraditórios

III. Que cooperarão com vista a evitar ou minimizar a imposição de requisitos contraditórios para as empresas multinacionais e que terão em conta as considerações gerais e abordagens práticas estabelecidas no Anexo 2 desta Declaração.[3]

Incentivos e Desincentivos ao Investimento Internacional

IV. 1. Que reconhecem a necessidade de fortalecer a cooperação no campo do investimento direto internacional;

2. Que reconhecem, portanto, a necessidade de dar a devida importância aos interesses dos governos signatários afetados por leis, regulamentos e práticas administrativas específicas nesse campo (doravante denominadas "medidas") que proporcionem incentivos e desincentivos oficiais ao investimento direto internacional;

3. Que os governos signatários envidarão esforços para tornar tais medidas tão transparentes quanto possível, de modo que a sua importância e propósito possam ser certificados e que as respetivas informações possam estar facilmente disponíveis;

Procedimentos de Consulta

V. Que estão preparados para consultas mútuas sobre os assuntos acima, em conformidade com as Decisões relevantes do Conselho;

Revisão

VI. Que irão rever periodicamente os assuntos acima, com vista a melhorar a efetividade da cooperação económica internacional entre os governos signatários em questões relacionadas com o investimento internacional e empresas multinacionais.

[3] O Anexo 2 pode ser encontrado na versão completa da Declaração sobre Investimento Internacional e Empresas Multinacionais, disponível aqui: https://legalinstruments.oecd.org/en/instruments/OECD-LEGAL-0144.

Parte I: Diretrizes da OCDE para Empresas Multinacionais sobre Conduta Empresarial Responsável

Texto e Comentários

Prefácio

1. As *Diretrizes da OCDE para Empresas Multinacionais sobre Conduta Empresarial Responsável* (as *Diretrizes*) são recomendações dirigidas pelos governos às empresas multinacionais. O objetivo comum dos Governos Signatários das *Diretrizes* é incentivar as contribuições positivas que as empresas podem dar ao progresso económico, ambiental e social, e minimizar os impactos adversos sobre as questões abrangidas pelas *Diretrizes* que possam ser gerados pelas operações, produtos e serviços das empresas. A conduta empresarial responsável pode permitir a criação de condições equitativas nos mercados globais, promover um setor empresarial dinâmico e que funcione bem e aumentar a contribuição das empresas para resultados em termos do desenvolvimento sustentável, incluindo soluções para fazer face e responder às alterações climáticas.

2. As *Diretrizes* fazem parte da *Declaração da OCDE sobre Investimento Internacional e Empresas Multinacionais [OCDE/LEGAL/0144]*. Os Governos Signatários das *Diretrizes* assumem um compromisso vinculativo para a sua implementação em conformidade com a *Decisão do Conselho da OCDE relativa às Diretrizes da OCDE para Empresas Multinacionais sobre Conduta Empresarial Responsável [OECD/LEGAL/0307]*. Nesse sentido, os Pontos de Contato Nacionais para a Conduta Empresarial Responsável desempenham um papel fundamental.

3. As *Diretrizes* destinam-se a incentivar o comércio e o investimento responsáveis e, assim, multiplicar os benefícios do comércio e do investimento através do envolvimento e melhoria contínua em todos os mercados do mundo. O comércio internacional e o investimento fortalecem e aprofundam os laços entre países e regiões do mundo e geram benefícios substanciais necessários para que as sociedades alcancem resultados de desenvolvimento sustentável, incluindo a criação de mais e melhores empregos, o desenvolvimento de competências, o fornecimento de produtos e serviços que melhorem os padrões de vida e o acesso a financiamento e tecnologia necessários para as transições digital e ecológica.

4. As *Diretrizes* expressam a expectativa compartilhada dos Governos Signatários em relação à conduta empresarial responsável das empresas que atuam dentro ou a partir dos seus países, e constituem um ponto de referência oficial para as empresas e outras partes interessadas. Estas recomendam que as empresas realizem devida diligência baseada no risco para identificar, prevenir, mitigar e prestar contas de como lidam com os impactos adversos reais e potenciais em questões abrangidas pelas *Diretrizes*. Nesse sentido, as *Diretrizes* complementam e reforçam os esforços privados e públicos para definir e implementar uma conduta empresarial responsável.

5. As *Diretrizes* estabelecem princípios e normas voluntárias para uma conduta empresarial responsável coerente com a legislação aplicável e as normas reconhecidas internacionalmente. As questões abrangidas pelas *Diretrizes* podem ser reguladas pela legislação nacional ou por compromissos internacionais. As *Diretrizes* apresentam recomendações sobre conduta empresarial responsável que podem ir além do que as empresas são legalmente obrigadas a cumprir. A recomendação dos governos para que as empresas observem as *Diretrizes* é diferente das questões relativas à responsabilidade civil e ao cumprimento da lei.

6. A capacidade das empresas multinacionais de promover o desenvolvimento sustentável aumenta consideravelmente quando o comércio e o investimento são conduzidos num contexto de mercados abertos, competitivos e devidamente regulamentados pelo estado de direito e a proteção do espaço cívico.

Os governos têm um papel importante a desempenhar no apoio à implementação efetiva das *Diretrizes*, inclusive através da criação de um ambiente de políticas favoráveis para conduzir, apoiar e promover práticas empresariais responsáveis. A coerência das políticas a nível nacional e internacional pode promover o alinhamento e a harmonização de iniciativas de conduta empresarial responsável. Para tal, é importante uma combinação inteligente de abordagens e medidas governamentais, que podem contemplar medidas obrigatórias e voluntárias, capacitação e outras medidas complementares. A elaboração de políticas, legislação e outras medidas específicas sobre conduta empresarial responsável será orientada pelo contexto político, administrativo e jurídico de cada país.

7. O contexto político, económico, ambiental, social, físico e tecnológico onde se desenrolam os negócios internacionais está a atravessar mudanças profundas e rápidas, e as próprias *Diretrizes* evoluíram para refletir tais mudanças. Nas últimas décadas, o comércio internacional e as operações financeiras cresceram significativamente em termos percentuais da economia global. As grandes empresas ainda representam uma parte importante do comércio e investimento internacional, ao passo que o comércio transfronteiriço e o investimento das pequenas e médias empresas também aumentaram, e essas empresas têmatualmente um papel significativo nos mercados internacionais. As empresas multinacionais, à semelhança das suas congéneres nacionais, têm evoluído para abranger um leque mais amplo de acordos empresariais e formas organizacionais. Os desenvolvimentos tecnológicos, assim como as alianças estratégicas e o estreitamento das relações com fornecedores e contratantes tendem a diluir os limites das empresas. A rápida evolução da estrutura das empresas multinacionais reflete-se igualmente nas respetivas operações nas economias emergentes e em desenvolvimento, cuja participação no comércio e investimento transfronteiriços está a aumentar. Nas economias emergentes e em desenvolvimento, as empresas multinacionais diversificaram as suas atividades para além da produção primária e das indústrias extrativas, para se dedicarem à manufatura, montagem, desenvolvimento do mercado interno e serviços.

8. A natureza, o âmbito e a velocidade das alterações económicas apresentam novos desafios estratégicos às empresas e às suas partes interessadas. As forças concorrenciais são intensas e as empresas multinacionais são confrontadas com uma série de disposições legais, sociais e regulatórias. Muitas empresas multinacionais têm demonstrado que o respeito por padrões elevados de conduta empresarial pode aumentar o crescimento e a rentabilidade. As empresas procuram cada vez mais implementar modelos de negócios orientados para o desenvolvimento sustentável e que apoiem a coerência entre os objetivos económicos, ambientais e sociais. As empresas também têm promovido o diálogo social sobre o que constitui uma conduta empresarial responsável e têm trabalhado com as partes interessadas, inclusive no contexto de iniciativas multi-stakeholder, para desenvolver orientações para uma conduta empresarial responsável.

9. A adoção das *Diretrizes* em 1976, e das suas atualizações subsequentes, reflete a crescente procura para que as empresas sigam princípios e normas de conduta empresarial responsável. Esse desenvolvimento teve origem nos esforços da Organização Internacional do Trabalho no início do século XX. A adoção da Declaração Universal dos Direitos Humanos pelas Nações Unidas em 1948 foi outro evento marcante, seguido pelo desenvolvimento contínuo de normas relevantes para muitas áreas da conduta empresarial responsável. A OCDE tem contribuído de forma importante para esse processo através do desenvolvimento de normas que abrangem áreas como o ambiente, o combate à corrupção, os interesses do consumidor, a governação empresarial, a ciência, tecnologia e inovação e a tributação.

10. As *Diretrizes* continuam a ser o principal instrumento internacional sobre conduta empresarial responsável. Os Governos Signatários das *Diretrizes* estão empenhados em cooperar entre si e com outros governos para promover a sua implementação em parceria com as diversas empresas, sindicatos e outras organizações não governamentais que estão a trabalhar através dos próprios meios tendo em vista o mesmo fim.

I. Conceitos e Princípios

1. As *Diretrizes* são recomendações dirigidas conjuntamente pelos governos às empresas multinacionais. Estabelecem princípios e normas de boas práticas, consistentes com a legislação aplicável e as normas reconhecidas internacionalmente. O cumprimento das *Diretrizes* pelas empresas é voluntário e não é legalmente vinculativo. No entanto, algumas questões abrangidas pelas *Diretrizes* também podem ser regulamentadas pela legislação nacional ou por compromissos internacionais.
2. O cumprimento das leis nacionais é a primeira obrigação das empresas. As *Diretrizes* não substituem nem se sobrepõem à legislação e regulamentação nacionais. O fracasso dos governos na defesa e promoção dos princípios e normas consistentes com as *Diretrizes* ou dos compromissos internacionais associados, não diminui a expectativa de que as empresas cumpram as *Diretrizes*. Embora as *Diretrizes* se prolonguem para lá da lei em muitos casos, estas não devem e não são destinadas a colocar uma empresa numa situação em que enfrente requisitos contraditórios. No entanto, em países onde as leis e regulamentos nacionais entrem em conflito com os princípios e normas das *Diretrizes*, as empresas devem procurar formas de respeitar ao máximo esses princípios e normas de forma a não serem colocadas em situação de violação da legislação nacional.
3. Dado que as operações das empresas multinacionais têm lugar em todo o mundo, a cooperação internacional neste campo deve contemplar todos os países. Os Governos Signatários das *Diretrizes* incentivam as empresas que operam nos, ou a partir dos seus territórios, a respeitá-las, onde quer que operem, tendo em conta as circunstâncias particulares dos países de acolhimento.
4. Uma definição precisa de empresas multinacionais não é necessária para os propósitos das *Diretrizes*. Embora as *Diretrizes* permitam uma abordagem ampla na identificação de quais entidades podem ser consideradas empresas multinacionais para os propósitos das *Diretrizes*, a natureza internacional da estrutura ou atividades de uma empresa e a sua configuração comercial, finalidade ou atividades são os principais fatores a serem considerados a esse respeito. Estas empresas operam em todos os setores da economia. Geralmente, são empresas ou outras entidades estabelecidas em mais de um país e ligadas entre si de forma a coordenarem as suas atividades de diversas formas. Embora uma ou mais destas entidades possa exercer uma influência significativa sobre as atividades das outras empresas num grupo, o grau de autonomia de cada uma dentro do grupo pode variar muito de uma empresa multinacional para outra. O capital social pode ser privado, estatal ou misto. As *Diretrizes* destinam-se a todas as entidades dentro de cada empresa multinacional (empresas-mãe e/ou entidades locais). Em função da distribuição efetiva das responsabilidades entre si, espera-se de cada uma destas entidades a cooperação e a assistência mútua no sentido de promover o cumprimento das *Diretrizes*.
5. As *Diretrizes* não têm por objetivo introduzir diferenças de tratamento entre as empresas nacionais e as multinacionais; elas refletem boas práticas recomendáveis a todas as empresas. Por conseguinte, estão sujeitas às mesmas expectativas quanto à sua conduta, sempre que as *Diretrizes* forem relevantes para ambas.
6. Os governos desejam promover o melhor cumprimento possível das *Diretrizes*. Embora se reconheça que as pequenas e médias empresas podem não dispor de meios idênticos aos das

grandes empresas, os Governos Signatários das *Diretrizes* encorajam estas a seguir as recomendações das *Diretrizes* na máxima extensão possível.

7. Os Governos Signatários das *Diretrizes* não as devem usar para fins protecionistas, nem as aplicar de maneira a pôr em questão as vantagens comparativas de qualquer país onde as empresas multinacionais realizem investimentos.
8. Os governos têm o direito de regulamentar as condições de funcionamento das empresas multinacionais dentro das suas jurisdições, observados os limites do direito internacional. As entidades pertencentes a uma empresa multinacional a operar em diversos países estão sujeitas às leis aplicáveis nesses países. Sempre que forem impostas exigências contraditórias às empresas multinacionais por parte dos Governos Signatários ou de países terceiros, os governos em questão são incentivados a cooperarem de boa-fé no sentido de resolver os problemas que possam ocorrer.
9. Os Governos Signatários das *Diretrizes* implementá-las-ão no pressuposto de que honrarão as suas responsabilidades de tratar as empresas de forma equitativa e em conformidade com o direito internacional e com as suas obrigações contratuais.
10. O recurso a mecanismos internacionais adequados para a resolução de litígios internacionais, incluindo a arbitragem, é incentivado como meio de facilitar a resolução dos problemas jurídicos que surjam entre as empresas e os governos dos países de acolhimento.
11. Os Governos Signatários das *Diretrizes* deverão implementá-las e fomentar a sua aplicação. Estabelecerão Pontos de Contato Nacionais para uma Conduta Empresarial Responsável incumbidos de promover as *Diretrizes* e que funcionarão como fóruns para discussão de todas as matérias que digam respeito às *Diretrizes*. Os Governos Signatários participarão igualmente em procedimentos apropriados de revisão e consulta relativos a questões de interpretação e implementação das *Diretrizes,* mantendo a relevância contínua destas num mundo em constante mudança.

II. Políticas Gerais

As empresas devem considerar plenamente as políticas em vigor nos países onde operam, assim como os pontos de vista das outras partes interessadas. Neste sentido:

A. As empresas devem:

1. Contribuir para o progresso económico, ambiental e social, tendo como objetivo assegurar o desenvolvimento sustentável.
2. Respeitar os direitos humanos reconhecidos internacionalmente daqueles afetados pelas suas atividades.
3. Incentivar a capacitação local através de estreita cooperação com a comunidade local, incluindo os interesses comerciais, bem como o desenvolvimento das suas atividades nos mercados nacional e internacional, de acordo com a necessidade de boas práticas comerciais.
4. Incentivar a capacitação de capital humano, criando oportunidades de emprego e facilitando a formação dos trabalhadores.
5. Garantir a transparência e integridade nas atividades de lobbying e evitar procurar ou aceitar exceções não previstas nas leis ou nos regulamentos relacionadas com os direitos humanos, ambiente, saúde, segurança, trabalho, tributação, incentivos financeiros, entre outros.
6. Apoiar e defender os princípios da boa governação empresarial, assim como desenvolver e aplicar boas práticas de governação empresarial, inclusive em grupos empresariais.
7. Desenvolver e aplicar práticas de autorregulação e sistemas de gestão eficazes que promovam uma relação de segurança e confiança mútua entre as empresas e as sociedades onde operam.
8. Promover a sensibilização e o cumprimento por parte dos trabalhadores das empresas multinacionais das suas políticas, através da divulgação adequada dessas políticas, inclusive através de programas de formação.
9. Abster-se de adotar medidas discriminatórias ou disciplinares ou de atuar em represália contra trabalhadores, representantes sindicais ou outros representantes dos trabalhadores que façam denúncias de boa-fé à administração ou, conforme o caso, às autoridades públicas competentes, sobre práticas que violem a lei, as *Diretrizes* ou as políticas da empresa.
10. Abster-se e adotar medidas para evitar o uso de represálias, inclusive por entidades com as quais a empresa tenha uma relação comercial, contra quaisquer pessoas ou grupos que possam questionar, investigar ou expressar preocupações sobre impactos adversos reais ou potenciais associados às operações, produtos ou serviços da empresa. Isso inclui a promoção de um ambiente no qual indivíduos e grupos se sintam seguros para manifestar as suas preocupações e, se for caso disso, contribuir para a reparação dos impactos adversos das represálias que possam vir a ocorrer.
11. Realizar a devida diligência baseada no risco, por exemplo, incorporando sistemas de gestão de risco, para identificar, prevenir e mitigar os impactos adversos reais e potenciais, conforme descritos nos parágrafos 12 e 13, e considerar a forma como esses impactos são abordados. A natureza e a extensão da devida diligência dependem das circunstâncias de cada caso.

12. Evitar causar ou contribuir para impactos adversos em questões contempladas pelas *Diretrizes*, através das suas próprias atividades, e abordar tais impactos caso eles ocorram, inclusive proporcionando ou cooperando na reparação de impactos adversos.
13. Procurar prevenir ou mitigar um impacto adverso, mesmo nos casos em que não tenham contribuído para tal impacto se este estiver, de algum modo, diretamente ligado às suas operações, produtos ou serviços por uma relação comercial. A intenção não é transferir a responsabilidade da entidade causadora de um impacto adverso para a empresa com a qual ela tenha uma relação comercial.
14. Além de abordar os impactos adversos em relação às questões contempladas pelas *Diretrizes*, incentivar, sempre que possível, as entidades com as quais a empresa mantém relações comerciais a aplicarem princípios de conduta empresarial responsável compatíveis com as *Diretrizes*.
15. Envolver adequadamente as partes interessadas relevantes ou os seus representantes legítimos como parte da realização da devida diligência, com o objetivo de proporcionar oportunidades para que os seus pontos de vista sejam tidos em conta no que concerne às atividades relacionadas com as questões contempladas pelas *Diretrizes* que possam impactá-las significativamente.
16. Evitar qualquer ingerência indevida em atividades políticas.

B. As empresas são incentivadas a:

1. Conforme o caso, apoiar ou participar em iniciativas privadas ou de múltiplas partes interessadas e a estabelecer um diálogo social sobre conduta empresarial responsável, assegurando simultaneamente que essas iniciativas tenham em conta os seus efeitos sociais e económicos nos países em desenvolvimento e as normas internacionalmente reconhecidas existentes.

Comentários sobre o Capítulo II: Políticas Gerais

1. O capítulo de Políticas Gerais das *Diretrizes* é o primeiro a conter recomendações específicas para as empresas. Consequentemente, é importante para definir a direção e estabelecer princípios fundamentais comuns para as recomendações específicas nos capítulos subsequentes.

2. As empresas são incentivadas a cooperar com os governos no desenvolvimento e na implementação de políticas e leis. A consideração dos pontos de vista de outras partes interessadas da sociedade, incluindo a comunidade local e as pessoas adversamente afetadas ou potencialmente afetadas pelas atividades das empresas, bem como os interesses empresariais, pode enriquecer esse processo. Da mesma forma, reconhece-se que os governos devem ser transparentes nas suas relações com as empresas e consultá-las sobre essas mesmas questões. As empresas, parceiros sociais e outras partes interessadas, como organizações da sociedade civil e sindicatos, devem ser consideradas como parceiras do governo no desenvolvimento das políticas que as afetam e na aplicação de dispositivos voluntários e regulatórios (das quais as *Diretrizes* são um elemento).

3. Não deve haver nenhuma contradição entre a atividade das empresas multinacionais e o desenvolvimento sustentável, e as *Diretrizes* destinam-se a promover medidas complementares a esse respeito. Na verdade, as relações entre o progresso económico, social e ambiental são fundamentais para promover o objetivo do desenvolvimento sustentável.[1]

[1] Uma das definições mais amplamente aceites de desenvolvimento sustentável foi formulada pela Comissão Mundial sobre Meio Ambiente e Desenvolvimento de 1987 (a Comissão Brundtland): "Desenvolvimento que satisfaz as necessidades do presente sem comprometer a capacidade das gerações futuras de suprir as suas próprias

4. O Capítulo IV dispõe sobre a recomendação geral relativa aos direitos humanos no parágrafo A.2.

5. As *Diretrizes* também reconhecem e incentivam a contribuição das empresas multinacionais para a capacitação local como resultado das suas atividades nessas comunidades. Da mesma forma, a recomendação sobre a formação do capital humano é um reconhecimento explícito e prospetivo da contribuição para o desenvolvimento humano individual que as empresas multinacionais podem oferecer aos seus trabalhadores, incluindo não apenas práticas de contratação, mas também formação e outras formas de desenvolvimento profissional. A formação de capital humano incorpora também a noção de não discriminação nas práticas de contratação, bem como nas práticas de promoção, aprendizagem ao longo da vida e outros formatos de formação no trabalho.

6. As empresas participam livremente no discurso público. Ao se envolverem na defesa pública dos seus interesses, as empresas devem ter em devida conta a *Recomendação sobre Princípios de Transparência e Integridade no Lobbying [OCDE/LEGAL/0379]* e garantir que as suas atividades de lobbying sejam compatíveis com os seus compromissos e metas em questões contempladas pelas *Diretrizes*. Os governos são responsáveis por estabelecer um enquadramento de integridade pública adaptado aos riscos relacionados com o lobbying junto dos funcionários públicos. As *Diretrizes* recomendam que, de um modo geral, as empresas evitem envidar esforços para obter exceções não contempladas no enquadramento legal ou regulatório relacionadas com direitos humanos, ambientais, saúde, segurança, trabalho, tributação e incentivos financeiros, entre outras questões, sem infringir o direito das empresas de procurar alterações ao enquadramento legal ou regulatório. As palavras "ou aceitar" também chamam a atenção para o papel do Estado na oferta dessas exceções. Embora esse tipo de disposição seja tradicionalmente dirigido aos governos, também é de relevância direta para as empresas multinacionais. No entanto, é importante destacar que há casos em que exceções legais específicas ou outras políticas podem estar em conformidade com a legislação por razões legítimas de política pública. Os capítulos sobre o ambiente e a concorrência oferecem exemplos.

7. As Diretrizes recomendam que as empresas apliquem boas práticas de governação empresarial decorrentes dos Princípios de Governação Empresarial G20/OECD [*OECD/LEGAL/0413*]. Os Princípios exigem a proteção e facilitação do exercício dos direitos dos acionistas, incluindo o seu tratamento justo. As empresas devem respeitar os direitos das partes interessadas estabelecidos por lei ou através de acordos mútuos e incentivar a cooperação ativa com as partes interessadas na criação de riqueza, emprego e empresas sustentáveis e resilientes.

8. Os Princípios requerem que o conselho de administração da empresa-mãe assegure a orientação estratégica da empresa, promova a monitorização eficaz da gestão e seja responsável perante a empresa e os acionistas, considerando os interesses das partes interessadas. Ao assumir essas responsabilidades, o conselho de administração deve assegurar a integridade dos sistemas de reporte contabilístico e financeiro da empresa, incluindo a auditoria independente, sistemas de controlo adequados, e, principalmente, a gestão de riscos, os controlos financeiros e operacionais, e o cumprimento da lei e das normas pertinentes.

9. Os Princípios abrangem empresas de capital aberto dentro de grupos empresariais, embora os conselhos de administração das empresas subsidiárias possam ter obrigações conforme as leis das jurisdições nas quais foram constituídas. Os sistemas de conformidade e controlo deverão estender-se, sempre que possível, às subsidiárias. Além disso, a monitorização da governação pelos conselhos de administração inclui uma revisão contínua das estruturas internas para garantir linhas claras de responsabilização da gestão em todo o grupo.

necessidades". As metas globais para erradicar a pobreza global, proteger o planeta e garantir que todas as pessoas beneficiam de paz e prosperidade são um importante ponto de referência a este respeito.

10. As empresas multinacionais detidas pelo estado estão sujeitas às mesmas recomendações que as empresas privadas, mas o escrutínio público é frequentemente ampliado quando o Estado é o proprietário final. As *Diretrizes da OCDE sobre Governação Empresarial de Empresas Estatais* constituemum guia útil e adaptado especificamente a estas empresas e as recomendações oferecidas podem melhorar significativamente a sua governação.

11. Embora os governos sejam os principais responsáveis pela melhoria do enquadramento legal e institucional, existem fortes razões comerciais para que as empresas implementem uma boa governação empresarial.

12. Uma rede crescente de instrumentos e medidas de autorregulação não governamentais aborda aspetos do comportamento empresarial e das relações entre empresas e a sociedade. Avanços interessantes a este respeito estão a ser aplicados no setor financeiro. As empresas reconhecem que as suas atividades têm implicações sociais e ambientais recorrentes. Um exemplo disso é a instituição de práticas autorregulatórias e sistemas de gestão, bem como a participação em iniciativas envolvendo múltiplas partes interessadas por parte de empresas atentas a esses objetivos, contribuindo assim para o desenvolvimento sustentável. As práticas de autorregulação e as iniciativas multi-stakeholder devem ser plausíveis e transparentes. Quando tais iniciativas são voltadas para a devida diligência na conduta empresarial responsável, o alinhamento com as normas internacionais relevantes, como as *Diretrizes,* pode promover uma maior eficácia e reduzir a complexidade e os custos para as empresas envolvidas nessas iniciativas. Por sua vez, o desenvolvimento de tais práticas pode promover relações construtivas entre as empresas e as sociedades nas quais operam. Embora as empresas possam colaborar ao nível da indústria ou de forma multi-stakeholder, elas permanecem individualmente responsáveis por garantir que a sua devida diligência é realizada de forma eficaz.

13. Após a adoção de práticas autorreguladoras eficazes, espera-se, naturalmente, que as empresas promovam a sensibilização dos trabalhadores a respeito das políticas da empresa. Também é recomendada a adoção de salvaguardas para a proteção de denúncias de irregularidades realizadas em boa-fé, incluindo a proteção de trabalhadores que, na ausência de medidas reparadoras céleres ou face a um risco razoável de repercussão negativa no emprego, denunciem práticas que violem a lei às autoridades públicas competentes. Embora seja particularmente relevante para controlos internos, programas de ética e conformidade relacionados com ocombate à corrupção, discutidos no Capítulo VII, e iniciativas ambientais, essa proteção também é relevante para outras recomendações constantes nas *Diretrizes*.

14. As empresas devem adotar medidas para criar um espaço onde as preocupações sobre os impactos adversos relacionados com as suas atividades, ou com as atividades das entidades com as quais mantêm uma relação comercial, possam ser expressas com segurança. É importante que as empresas se abstenham de aplicar represálias, e adotem medidas para as evitar, de modo a proteger o espaço cívico e prevenir danos a grupos e indivíduos que procuram investigar, expressar ou denunciar essas preocupações. As represálias incluem ações retaliatórias ou discriminatórias destinadas a censurar, intimidar, prejudicar ou silenciar os críticos, como ameaças, difamação, calúnias, assédio, intimidação, vigilância, ações judiciais estratégicas contra a participação pública, tentativas de criminalizar atividades legais, ataques físicos e assassinatos.

15. De acordo com os objetivos das *Diretrizes*, entende-se por devida diligência o processo através do qual as empresas podem identificar, prevenir, mitigar e se responsabilizar pela forma como abordam os seus impactos adversos reais e potenciais como parte integrante da tomada de decisão empresarial e dos sistemas de gestão de riscos. O Guia de Devida Diligência da OCDE para uma Conduta Empresarial Responsável e os guias de devida diligência setorial da OCDE ajudam as empresas a entenderem e a implementarem a recomendação de devida diligência das *Diretrizes*. Estes guias também procuram promover um entendimento comum entre governos e partes interessadas sobre a devida diligência baseada no risco para uma conduta empresarial responsável. Neste sentido, o Guia de Devida Diligência

da OCDE para uma Conduta Empresarial Responsável estabelece uma estrutura de devida diligência que os governos se comprometeram a apoiar e supervisionar ativamente. A mesma descreve as seguintes medidas: 1. Incorporação da conduta empresarial responsável nas políticas e sistemas de gestão; 2. Identificação e avaliação dos impactos adversos, reais e potenciais, associados às operações, produtos ou serviços da empresa; 3. Interrupção, prevenção e mitigação de impactos adversos; 4. Acompanhamento da implementação e resultados; 5. Comunicação da forma como os impactos são abordados; e 6. Disponibilização ou cooperação na reparação, quando apropriado. Também sugere ações práticas para a implementação dessas medidas. Nem todas as ações práticas mencionadas no guia de devida diligência serão adequadas a todas as situações.

16. A devida diligência pode ser incluída em sistemas mais amplos de gestão de riscos empresariais, desde que vá além de uma simples identificação e gestão de riscos substanciais para a própria empresa, a fim de incluir os riscos de impactos adversos relacionados com questões contempladas pelas *Diretrizes*. Os impactos potenciais devem ser abordados através da prevenção ou da mitigação, ao passo que os impactos reais devem ser abordados através da reparação. As *Diretrizes* dizem respeito a impactos adversos que são causados pela empresa, ou para os quais a empresa contribuiu, ou que estão diretamente ligados às suas operações, produtos ou serviços por uma relação comercial, conforme descrito nos parágrafos A.12 e A.13. A devida diligência pode ajudar as empresas a evitarem o risco desses impactos adversos. Para os fins desta recomendação, 'contribuir para' um impacto adverso deve ser interpretado como uma contribuição significativa, ou seja, uma atividade que cause, facilite ou incentive outra entidade a causar um impacto adverso e não inclui contribuições ínfimas ou comuns. A relação de uma empresa com um impacto adverso não é estática. Ela pode mudar, por exemplo, à medida que as situações evoluem e dependendo do grau em que a devida diligência e as medidas tomadas para abordar os riscos e impactos identificados diminuem o risco de ocorrência de tais impactos.

17. A expressão 'relação comercial' inclui as relações de uma empresa com parceiros comerciais, subcontratados, franqueados, empresas participadas, clientes e parceiros de joint venture, entidades na cadeia de fornecimento que fornecem produtos ou serviços que contribuem para as operações, produtos ou serviços da empresa ou que recebem, licenciam, compram ou utilizam produtos ou serviços da empresa, e quaisquer outras entidades detidas ou não pelo estado diretamente vinculadas às operações, produtos ou serviços da empresa. As relações com consumidores individuais, que são pessoas físicas atuando para fins não relacionados com uma atividade empresarial, comercial ou governamental, geralmente não são consideradas 'relações comerciais' no âmbito das *Diretrizes,* embora uma empresa possa contribuir para os impactos adversos causados por estes. As relações comerciais incluem outras relações para além das contratuais, de 'primeiro nível' ou imediatas. As entidades com as quais uma empresa mantém uma relação comercial podem ou não estar a operar num ou a partir de um país Signatário. A capacidade de uma empresa de identificar, prevenir e mitigar impactos adversos reais e potenciais, conforme descrito no parágrafo A.11, pode variar entre diferentes tipos de relações comerciais, bem como devido a outros fatores, inclusive conforme descrito no parágrafo 24 dos Comentários.

18. A recomendação do parágrafo A.11 aplica-se às questões contempladas pelas *Diretrizes* relacionadas com os impactos adversos associados às operações, produtos e serviços de uma empresa. A recomendação do parágrafo A.11 não se aplica aos capítulos da Concorrência e Tributação. Ao longo das *Diretrizes,* as recomendações relacionadas com a devida diligência devem ser tratadas em conformidade com os parágrafos A. 11-13 e comentários relacionados.

19. A natureza e a extensão da devida diligência, como, por exemplo, as medidas específicas a serem adotadas que sejam adequadas para uma determinada situação, serão afetadas por fatores como o contexto das operações da empresa, as recomendações específicas contidas nas Diretrizes, e devem ser proporcionais à dimensão da empresa, ao seu envolvimento com um impacto adverso e à gravidade deste. Neste sentido, as medidas que uma empresa adotar para realizar a devida diligência devem ser baseadas no risco, proporcionais à gravidade e probabilidade do impacto adverso e apropriadas e proporcionais ao seu contexto. Quando não for viável abordar todos os impactos identificados de uma só vez, a empresa

deve priorizar a ordem da adoção das medidas com base na gravidade e probabilidade do impacto adverso.

20. As *Diretrizes* reconhecem que pode não ser viável para a maioria das empresas avaliar ou colaborar com todas as entidades individuais com as quais têm uma relação comercial. No caso das empresas que têm um elevado número de fornecedores e outras relações comerciais, são incentivadas a identificar as áreas gerais em que o risco de impactos adversos é mais significativo e, com base nesta avaliação de risco, priorizar as referidas áreas para a realização da devida diligência de acordo com as medidas descritas no parágrafo 19 dos Comentários. A realização da devida diligência baseada no risco, tendo como objeto os produtos ou serviços de uma empresa, deve ter em consideração circunstâncias conhecidas ou razoavelmente previsíveis relacionadas com o uso do bem ou serviço de acordo com o fim a que se destina, ou sob condições de uso impróprio ou uso indevido razoavelmente previsível, que podem dar origem a impactos adversos. Recomendações específicas para a devida diligência relacionadas com questões específicas, são apresentadas nos capítulos relevantes.

21. Caso a empresa cause ou possa causar um impacto adverso, esta deve adotar as medidas necessárias para cessar ou prevenir esse impacto.

22. Caso a empresa contribua ou possa contribuir para um impacto adverso, ela deve adotar as medidas necessárias para cessar ou impedir a sua contribuição e utilizar o seu poder de influência para mitigar, na medida do possível, quaisquer impactos remanescentes. Considera-se que o poder de influência existe quando uma empresa tem a capacidade de efetuar mudanças nas práticas nocivas da entidade causadora dos danos.

23. As *Diretrizes* reconhecem que a responsabilidade não deve ser transferida de uma entidade causadora de um impacto adverso para a empresa com a qual a entidade mantém uma relação comercial. Neste caso, quando uma empresa está diretamente ligada a um impacto adverso através de uma relação comercial, mas não causa ou contribui para tal impacto, esta não é responsável por oferecer um mecanismo de reparação, embora possa fazê-lo em parte, mas sim por utilizar o seu poder de influência, de forma isolada ou em cooperação com outras entidades, para influenciar a entidade causadora do impacto adverso a prevenir, mitigar ou remediar esse impacto. Quando uma empresa não possui poder de influência suficiente, ela deve considerar maneiras de aumentar a sua influência. As empresas podem usar ou aumentar a sua influência de várias formas, para influenciar as entidades com as quais mantém relações comerciais, por exemplo, através do apoio, formação e capacitação; cooperação para incentivá-las a prevenir e/ou mitigar impactos; criação de expectativas em torno da conduta empresarial responsável e da devida diligência especificamente nos contratos comerciais, como contratos de gestão, requisitos de pré-qualificação para potenciais fornecedores, voting trusts e acordos de licença ou franquia; atribuição de incentivos comerciais de acordo com o desempenho no âmbito da conduta empresarial responsável; envolvimento com reguladores e decisores políticos em questões de conduta empresarial responsável; informar sobre a possibilidade de desvinculação responsável se as expectativas em torno da conduta empresarial responsável não forem respeitadas, colaborando com outras empresas (tendo em conta o setor, o risco e o país) para promover e implementar padrões comuns de conduta empresarial responsável. Outros fatores relevantes para determinar a resposta adequada aos riscos identificados incluem a gravidade e a probabilidade dos impactos adversos e a importância do fornecedor para a empresa.

24. As *Diretrizes* reconhecem que existem limitações práticas quanto à capacidade das empresas de exercerem influência para mudar o comportamento das entidades com as quais têm relações comerciais. Tais limitações estão relacionadas com as características do produto e/ou serviço, com o número de fornecedores e outras relações comerciais, com a estrutura e complexidade da cadeia de fornecedores, ou com a natureza da relação comercial ou com o impacto adverso em questão. Por exemplo, em algumas situações, uma vez concluída a prestação de um serviço ou a venda ou revenda de um produto, uma empresa pode ter capacidade limitada para avaliar os seus impactos ou exercer influência. Nestas

situações, pode ser particularmente importante empreender esforços para identificar impactos reais e potenciais e adotar ações preventivas ou mitigadoras antes da venda e no momento da venda.

25. Relativamente às relações comerciais, as respostas adequadas podem incluir a continuidade da relação durante os esforços de mitigação dos riscos; a suspensão temporária da relação enquanto se realiza a mitigação dos riscos; ou, como último recurso, o término da relação comercial após tentativas fracassadas de mitigação, ou quando a empresa considerar que a mitigação é inviável, ou devido à gravidade do impacto adverso. Quando for possível para as empresas continuarem a relação, apresentando uma perspetiva realista de melhoria ou uma melhoria real ao longo do tempo, essa abordagem será frequentemente preferível ao término da relação. A empresa também deve considerar potenciais impactos sociais, ambientais e económicos adversos relacionados com a decisão de pôr termo à relação. Se decidir pelo fim da relação, a empresa deve fazê-lo de forma responsável, inclusive através da realização de consultas alargadas e atempadas junto das partes interessadas relevantes e, sempre que possível, adotando medidas razoáveis e apropriadas para prevenir ou mitigar os impactos adversos relacionados com o término da relação.

26. As empresas também se podem associar aos fornecedores e outras entidades com as quais tenham relações comerciais para melhorar o seu desempenho, em cooperação com outras partes interessadas, inclusive através da formação de pessoal e outras formas de capacitação, assim como apoiar a integração de princípios de conduta empresarial responsável compatíveis com as *Diretrizes* nas suas práticas comerciais. Neste sentido, é particularmente importante que as empresas envolvam e apoiem as pequenas e médias empresas com as quais mantêm relações comerciais. Sempre que as entidades com as quais uma empresa mantém uma relação comercial estão potencialmente expostas a exigências contraditórias, impostas, por exemplo, por diferentes compradores ou prestadores de serviços, as empresas são incentivadas, com a devida atenção às preocupações anticoncorrenciais, a participarem nos esforços de colaboração setorial com outras empresas para coordenar políticas de devida diligência e estratégias de gestão de risco, inclusive através da partilha de informações.

27. As empresas também são incentivadas a participar em iniciativas privadas ou multi-stakeholder e no diálogo social sobre conduta empresarial responsável, tais como as realizadas nos termos da *Decisão do Conselho da OCDE sobre as Diretrizes para Empresas Multinacionais sobre Conduta Empresarial Responsável,* incluindo os Procedimentos a ela anexados.

28. O envolvimento significativo das partes interessadas é uma componente-chave do processo de devida diligência. Em alguns casos, o envolvimento das partes interessadas também pode ser um direito em si. O envolvimento das partes interessadas implica processos interativos de cooperação com as partes interessadas relevantes, através, por exemplo, de reuniões, audiências ou processos de consulta. Partes interessadas relevantes são pessoas ou grupos, ou os seus representantes legítimos, que tenham direitos ou interesses relacionados com as questões abrangidas pelas *Diretrizes* e que são ou podem ser afetados por impactos adversos associados às operações, produtos ou serviços de uma empresa. As empresas podem priorizar o envolvimento das partes interessadas mais severamente impactadas ou potencialmente impactadas. O grau de impacto nas partes interessadas pode determinar o seu grau de envolvimento. O envolvimento significativo das partes interessadas refere-se a um envolvimento contínuo com as partes interessadas que seja bidirecional, conduzido em boa-fé pelos participantes de ambos os lados e sensível às opiniões das partes interessadas. Para garantir que o envolvimento das partes interessadas seja significativo e efetivo, é importante garantir que seja atempado, acessível, apropriado e seguro para as partes interessadas e identificar e remover possíveis barreiras ao envolvimento com as partes interessadas em posições de vulnerabilidade ou de marginalização. O Guia de Devida Diligência da OCDE para a Conduta Empresarial Responsável e os guias setoriais relevantes da OCDE incluem recomendações práticas para que as empresas envolvam as partes interessadas, inclusive como parte do processo de devida diligência da empresa. Tal envolvimento é particularmente importante no planeamento e na tomada de decisões sobre projetos ou outras atividades que exijam, por exemplo, o uso intensivo da terra ou água, e que poderiam afetar significativamente as comunidades locais.

29. Finalmente, é importante notar que a autorregulação e outras iniciativas semelhantes, incluindo as Diretrizes, não devem restringir ilegalmente a concorrência, nem devem ser consideradas como uma alternativa às leis e regulamentações adotadas pelos governos. Entende-se que, ao desenvolverem os seus códigos e práticas de autorregulação, as empresas multinacionais devem evitar potenciais efeitos de distorção do comércio ou do investimento.

III. Divulgação de Informação

1. As empresas devem ter em conta as políticas de divulgação de informação estabelecidas nos países e setores em que operam e considerar as opiniões e requisitos de informação dos acionistas e outras partes interessadas relevantes. As empresas devem divulgar informações regulares, atempadas, confiáveis, claras, completas, precisas e comparáveis, com detalhes suficientes sobre todas as questões materiais. Essas informações devem ser divulgadas para a empresa como um todo e, conforme o caso, para certos setores empresariais ou áreas geográficas. As políticas de divulgação de informação das empresas deverão ser adaptadas à natureza, à dimensão e à localização destas, considerando os custos, o sigilo comercial e demais questões de concorrência.

2. As políticas de divulgação de informação das empresas devem incluir, entre outras, informações materiais sobre:

a) resultados financeiros e operacionais da empresa;

b) objetivos da empresa e informações relacionadas com a sustentabilidade;

c) estrutura de capital, estrutura do grupo e os seus mecanismos de controlo;

d) acionistas maioritários, incluindo proprietários beneficiários e direitos de voto;

e) informações sobre a composição do conselho de administração e os seus membros, incluindo as suas qualificações, o processo de seleção, outros cargos da empresa e se o conselho considera cada membro como independente;

f) remuneração dos membros do conselho de administração e dos principais executivos;

g) transações com partes relacionadas;

h) fatores de risco previsíveis;

i) estruturas e políticas de governação, incluindo o grau de conformidade com os códigos ou políticas nacionais de governação empresarial e o seu processo de implementação;

j) contratos de financiamento, incluindo o risco de incumprimento de cláusulas restritivas.

3. Também é importante que as empresas divulguem informações sobre conduta empresarial responsável, inclusive como parte da sua responsabilidade de realizar a devida diligência. Algumas dessas informações também podem ser materiais, nos termos do parágrafo 2. Informações sobre conduta empresarial responsável podem incluir:

a) declarações de valor ético ou declarações de conduta empresarial destinadas à divulgação pública, incluindo políticas sobre questões de conduta empresarial responsável que articulam os compromissos da empresa com os princípios e normas contidos nas *Diretrizes*, e os seus planos para a implementação de devida diligência;

b) políticas e outros códigos de conduta subscritos pela empresa, a sua data de adoção e os países e entidades aos quais tais declarações se aplicam;

c) informações a respeito das medidas adotadas para incorporar políticas sobre questões de conduta empresarial responsável nos órgãos de administração e supervisão da empresa;

d) identificação das áreas de impacto ou riscos significativos da empresa, identificação dos impactos ou riscos adversos, priorizados e avaliados, bem como os critérios de priorização;

e) o seu desempenho em relação às declarações do parágrafo 3(a) e aos códigos do parágrafo (b), incluindo as ações realizadas para prevenir ou mitigar os riscos ou impactos identificados no parágrafo 3(c) e (d), identificando, sempre que possível, os cronogramas estimados e os benchmarks utilizados para avaliar as melhorias e os resultados alcançados, incluindo as disposições ou cooperação da empresa em qualquer medida de reparação;

f) informações sobre sistemas de auditoria interna, gestão de risco e conformidade legal;

g) informações sobre as relações com os trabalhadores e outras partes interessadas;

h) informações adicionais de acordo com as recomendações de divulgação de informação sobre conduta empresarial responsável apresentadas nos Capítulos IV e VI.

4. As empresas devem preparar e divulgar informações de acordo com as normas de contabilidade e divulgação de informação reconhecidas internacionalmente e evitar publicar informações insuficientes ou pouco claras. Uma auditoria externa anual deve ser conduzida por um auditor independente, competente e qualificado, de acordo com as normas de auditoria, ética e independência reconhecidas internacionalmente, com o objetivo de oferecer uma garantia razoável ao conselho de administração e aos acionistas de que as demonstrações financeiras são preparadas, em todos os aspetos relevantes, em conformidade com uma estrutura de relatório financeiro aplicável. Com o objetivo de melhorar a credibilidade das informações sobre conduta empresarial responsável, as empresas podem procurar obter uma certificação externa que garanta a qualidade de tais informações.

Comentário sobre o Capítulo III: Divulgação de Informações

30. O objetivo deste Capítulo é ajudar a construir transparência e responsabilidade em torno das operações das empresas multinacionais. Informações claras e completas sobre as empresas são importantes para diversas partes, desde acionistas, potenciais investidores e a comunidade financeira até outras partes interessadas, tais como trabalhadores, comunidades locais, grupos de interesse especiais, governos e a sociedade em geral. Para melhorar a compreensão do público sobre a estrutura e atividades das empresas, sobre as suas políticas empresariais e desempenho relativamente às questões ambientais, sociais e de governação, as empresas devem ser transparentes nas suas operações e sensíveis à necessidade de informação por parte do público, cada vez mais exigente e sofisticado.

31. O primeiro conjunto de recomendações sobre divulgação de informação é idêntico aos elementos constantes nos *Princípios de Governo das Sociedades G20/OECD* [OECD/LEGAL/0413]. As suas notas fornecem mais orientações, e as recomendações contidas nas *Diretrizes* devem ser interpretadas à luz dessas orientações. O primeiro conjunto de recomendações sobre divulgação de informação concentra-se principalmente nas empresas de capital aberto e em todas as questões relevantes relacionadas com a empresa. As informações relevantes podem ser definidas como informações cuja omissão ou distorção pode razoavelmente influenciar a avaliação de um investidor sobre o valor de uma empresa. Isso normalmente inclui o valor, a periodicidade e a estabilidade dos fluxos de caixa futuros de uma empresa. Informações relevantes também podem ser definidas como informações que um investidor responsável consideraria importantes ao fazer um investimento ou decidir um voto. Caso sejam consideradas aplicáveis à luz da natureza, dimensão e localização das empresas, essas recomendações de divulgação de informação também podem ser uma ferramenta útil para melhorar a governação empresarial nas empresas não cotadas, tais como, por exemplo, empresas privadas ou detidas pelo estado. Este conjunto de recomendações de divulgação exige informações regulares, atempadas, confiáveis, claras, completas, precisas e comparáveis com detalhes suficientes sobre todas as questões relevantes relacionadas com a empresa, incluindo situação financeira, desempenho, sustentabilidade, propriedade e governação da

empresa. Informações sobre a remuneração dos conselhos de administração e executivos também são de interesse dos acionistas, incluindo a relação entre a remuneração e o desempenho de longo prazo, sustentabilidade e resiliência da empresa. Espera-se também que as empresas divulguem informações atempadas, incluindo alterações relevantes nas políticas de remuneração aplicadas aos membros do conselho de administração e aos principais executivos, bem como níveis ou valores de remuneração numa base padronizada e comparável, para que os investidores possam avaliar os custos e benefícios dos planos de remuneração e a contribuição de regimes de incentivos, tais como regimes de opção de compra de ações, ao desempenho. As operações relevantes com partes relacionadas e fatores de risco previsíveis são informações adicionais importantes que devem ser divulgadas.

32. As *Diretrizes* incluem um segundo conjunto de recomendações para a divulgação de informação sobre conduta empresarial responsável, incluindo os impactos adversos reais ou potenciais da empresa sobre as pessoas, o ambiente e a sociedade, e processos de devida diligência relacionados, que podem ser relevantes para a tomada de decisão de um investidor e que também podem ser relevantes para um conjunto mais amplo de partes interessadas, incluindo trabalhadores, representantes dos trabalhadores, comunidades locais e sociedade civil, entre outros. No contexto da divulgação de informação, os processos de devida diligência, nos termos do parágrafo 3, podem auxiliar as empresas a certificarem-se de que estão efetivamente a identificar e a comunicar informações relevantes sobre conduta empresarial responsável de forma consistente e confiável, incluindo informações que podem ser relevantes. Desta forma, a devida diligência pode apoiar as empresas na identificação de riscos e impactos relevantes e melhorar a pertinência, qualidade e comparabilidade da informação, nos termos dos parágrafos 2 e 3. Além disso, os processos de devida diligência podem ser uma forma de garantir relatórios confiáveis em relação aos objetivos e compromissos da empresa para os quais podem não existir metas claramente identificáveis ou mensuráveis. Várias jurisdições permitem ou exigem que os intentos das partes interessadas sejam tidos em consideração, e muitas empresas fornecem informações sobre um conjunto mais amplo de tópicos além do desempenho financeiro, através dos quais podem demonstrar compromisso e desempenho em práticas empresariais responsáveis de uma forma geral. Este segundo tipo de divulgação de informação – ou a comunicação com o público e com outras partes diretamente afetadas pelas atividades ou relações comerciais da empresa – pode dizer respeito a entidades que vão além daquelas que estão contempladas nas demonstrações financeiras da empresa. Também é possível incluir informações, por exemplo, sobre as atividades de empresas subcontratadas e fornecedores, ou de joint ventures ou outras entidades com quem a empresa tenha uma relação comercial.

33. Os dois conjuntos de divulgação de informação descritos no parágrafo 2 e no parágrafo 3 estão interrelacionados, e algumas informações podem ser relevantes para ambos. Para determinar quais as informações que devem ser divulgadas de acordo com o parágrafo 2, as *Diretrizes* utilizam o o conceito da relevância. Nos termos do parágrafo 2, informações, inclusive as relacionadas com as questões da conduta empresarial responsável e devida diligência, também podem ser consideradas relevantes se forem informações cuja omissão ou distorção pode razoavelmente influenciar a avaliação de um investidor sobre o valor, a periodicidade e a estabilidade dos fluxos de caixa futuros de uma empresa ou as decisões de investimento ou votação de um investidor. A decisão sobre que tipo de informação é relevante pode variar ao longo do tempo e de acordo com o contexto local, circunstâncias específicas da empresa e requisitos legais. Os utilizadores de informações financeiras e os participantes no mercado precisam de informações sobre riscos relevantes razoavelmente previsíveis, que podem incluir: riscos específicos da indústria ou das áreas geográficas onde a empresa atua; dependência de commodities e cadeias de fornecimento; riscos do mercado financeiro, incluindo taxas de juros ou risco cambial; riscos relacionados com derivados e transações extrapatrimoniais; riscos de conduta empresarial; riscos de segurança digital; riscos de conformidade; e riscos de sustentabilidade, nomeadamente riscos relacionados com as alterações climáticas. Algumas jurisdições também podem exigir ou recomendar a divulgação de informação sobre sustentabilidade que seja crucial para os trabalhadores e para as principais partes interessadas de uma empresa, ou informação relativa à influência de uma empresa sobre riscos não diversificáveis.

34. Em relação a informações divulgadas nos termos do parágrafo 3, riscos e impactos que podem não parecer financeiramente relevantes, mas que são relevantes para as pessoas e para o planeta, podem ser financeiramente relevantes para uma empresa em algum momento.

35. As recomendações sobre divulgação de informação contidas neste Capítulo e ao longo das *Diretrizes* não devem impor encargos administrativos ou custos excessivos às empresas. Também não se espera que as empresas divulguem informações que possam colocar em risco a sua posição competitiva, a menos que a divulgação seja necessária para informar plenamente as decisões de investimento e evitar que os investidores sejam enganados.

36. As informações devem ser preparadas e divulgadas de acordo com as normas de contabilidade e divulgação de informação reconhecidas internacionalmente. Uma auditoria externa anual deve ser conduzida por um auditor independente, competente e qualificado, de acordo com normas de auditoria, ética e independência reconhecidas internacionalmente, com o objetivo de proporcionar uma garantia razoável de que as demonstrações financeiras são elaboradas relativamente a todos os aspetos relevantes de acordo com as normas aplicáveis para os relatórios financeiros.

37. Muitas empresas têm adotado medidas destinadas a ajudá-las a cumprir as leis e normas de conduta empresarial, e para aumentar a transparência das suas operações. Um número crescente de empresas tem publicado códigos voluntários de conduta empresarial, que são manifestações de compromisso com normas internacionais ou valores éticos em áreas como o ambiente, incluindo as alterações climáticas, a biodiversidade, os direitos humanos, as normas laborais, a proteção do consumidor ou a tributação. Sistemas de gestão especializados foram ou estão a ser desenvolvidos e continuam a evoluir, com o objetivo de apoiar as empresas a respeitar esses compromissos, os quais envolvem sistemas de informação, procedimentos operacionais e necessidades de formação.

38. As empresas podem ser obrigadas a apresentar relatórios de acordo com normas de divulgação de informação mais amplos exigidos por autoridades regulatórias ou responsáveis pela admissão à cotação e, quando consistentes com os requisitos legais e de divulgação de uma jurisdição, devem procurar adotar ealinhar com as melhores práticas globais emergentes e normas de divulgação em evolução, por exemplo, relacionadas com o clima e as emissões. As empresas têm cooperado com ONGs e organizações intergovernamentais no desenvolvimento de normas para a elaboração de relatórios que melhorem a capacidade das empresas de comunicar sobre como as suas atividades influenciam os resultados do desenvolvimento sustentável.

39. As empresas são incentivadas a comunicar proativamente informações relevantes sobre conduta empresarial responsável, fornecer informação facilmente acessível, amigável, atempada, precisa, clara e completa, permitir o acesso a reduzido custo às informações publicadas e considerar o uso de tecnologias de informação para alcançar esse objetivo. A informação disponibilizada aos utilizadores no mercado nacional também deve estar disponível a todas as partes interessadas, tendo em conta os critérios de acessibilidade. As empresas devem procurar garantir que a informação seja apresentada de forma adequada aos diferentes públicos-alvo, e podem adotar medidas especiais para disponibilizar informação às comunidades que não têm acesso a meios de comunicação em linha ou impressos (como, por exemplo, comunidades remotas ou carentes que são diretamente afetadas pelas atividades da empresa).

40. A revisão das informações de conduta empresarial responsável por uma entidade independente, competente, qualificada de acordo com as normas de garantia da qualidade reconhecidas internacionalmente pode validar e melhorar a confiança na informação divulgada e contribuir para relatórios comparáveis e de maior qualidade.

IV. Direitos humanos

Os Estados têm o dever de proteger os direitos humanos. As empresas deverão, no âmbito dos direitos humanos internacionalmente reconhecidos, das obrigações internacionais em matéria de direitos humanos dos países em que operam, bem como das leis e regulamentos nacionais relevantes:

1. Respeitar os direitos humanos, o que significa evitar violar os direitos humanos de outras pessoas e lidar com os impactos adversos sobre os direitos humanos com os quais estão envolvidos.
2. No contexto das suas próprias atividades, evitar causar ou contribuir para impactos adversos sobre os direitos humanos e lidar com tais impactos quando estes ocorrerem.
3. Procurar formas de prevenir ou mitigar impactos adversos sobre os direitos humanos que estejam diretamente ligados às suas operações comerciais, produtos ou serviços através de uma relação comercial, mesmo que a empresa não tenha contribuído para esses impactos.
4. Ter um compromisso com uma política de respeito pelos direitos humanos publicamente disponível.
5. Realizar a devida diligência em relação aos direitos humanos, de acordo com a dimensão, a natureza e o contexto das operações, bem como a gravidade dos riscos de impactos adversos para os direitos humanos.
6. Oferecer ou cooperar através de processos legítimos na reparação de impactos adversos sobre os direitos humanos, quando identificarem que causaram ou contribuíram para esses impactos.

Comentários sobre o Capítulo IV: Direitos humanos

41. Este capítulo inicia-se com um preâmbulo que define a estrutura para as recomendações específicas relativas ao respeito das empresas pelos direitos humanos. Baseia-se no Enquadramento das Nações Unidas "Proteção, Respeito e Reparação" para Empresas e Direitos Humanos e está em consonância com os Princípios Orientadores sobre Empresas e Direitos Humanos para sua implementação, bem como com a Declaração Tripartida dos Princípios da OIT sobre Empresas Multinacionais e Política Social.

42. O preâmbulo e o primeiro parágrafo reconhecem que os Estados têm o dever de proteger os direitos humanos, e que as empresas, independentemente da sua dimensão, setor, contexto operacional, propriedade e estrutura, devem respeitá-los onde quer que operem. O respeito pelos direitos humanos é o padrão global de conduta esperada para as empresas, independentemente da capacidade e/ou da vontade dos Estados de cumprirem com as suas obrigações em matéria de direitos humanos, além de não diminuir essas obrigações.

43. A falha de um Estado em aplicar a legislação nacional pertinente ou em implementar as obrigações internacionais em matéria de direitos humanos ou o facto de poder agir de modo contrário a essas leis ou obrigações internacionais não diminui a expectativa de que as empresas respeitem os direitos humanos. Em países onde as leis e regulamentações nacionais entrem em conflito com os direitos humanos reconhecidos internacionalmente, as empresas devem encontrar formas de as respeitar na máxima

extensão possível, sem violar as leis nacionais, em consonância com o parágrafo 2 do Capítulo sobre Conceitos e Princípios.

44. Em todos os casos, e independentemente do país ou contexto específico das operações das empresas, deve-se no mínimo fazer referência aos direitos humanos internacionalmente reconhecidos expressos na Carta Internacional dos Direitos Humanos, composta pela Declaração Universal dos Direitos Humanos e pelos principais instrumentos através dos quais a Declaração foi codificada: o Pacto Internacional sobre Direitos Civis e Políticos e o Pacto Internacional sobre Direitos Económicos, Sociais e Culturais, bem como os princípios relativos aos direitos fundamentais estabelecidos na Declaração da Organização Internacional do Trabalho sobre Princípios e Direitos Fundamentais no Trabalho.

45. As empresas podem ter um impacto em praticamente todo o espectro de direitos humanos reconhecidos internacionalmente. Na prática, alguns direitos humanos apresentam um maior risco de sofrer impactos adversos do que outros em setores ou contextos específicos e, portanto, serão o foco de maior atenção. No entanto, as situações podem mudar, tornando necessário rever periodicamente todos os direitos. Dependendo das circunstâncias, as empresas podem ter que considerar normas adicionais. Por exemplo, as empresas devem respeitar os direitos humanos dos indivíduos pertencentes a grupos ou populações específicas que exigem uma atenção especial em situações com impacto adverso nos seus direitos humanos. As empresas devem prestar atenção especial a quaisquer impactos adversos específicos sobre os indivíduos, por exemplo, defensores dos direitos humanos, que podem estar em maior risco devido à marginalização, vulnerabilidade ou outras circunstâncias, individualmente ou como membros de certos grupos ou populações, incluindo Povos Indígenas. Os Guias de devida diligência da OCDE, incluindo o Guia de Devida diligência da OCDE sobre Conduta Empresarial Responsável, o Guia de Devida diligência da OCDE sobre o Envolvimento Significativo de Partes Interessadas no Setor Extrativo e o Guia OCDE-FAO para Cadeias de Fornecimento Responsáveis no Setor Agrícola, apresentam orientações práticas adicionais a este respeito, inclusive em relação ao Consentimento Livre, Prévio e Informado (CLPI). Os instrumentos das Nações Unidas elaboraram os direitos dos Povos Indígenas (Declaração das Nações Unidas sobre os Direitos dos Povos Indígenas); das pessoas pertencentes a minorias nacionais ou étnicas, religiosas e linguísticas; das mulheres; das crianças; das pessoas com deficiências; e dos trabalhadores migrantes e as suas famílias. Além disso, em situações de conflito armado, as empresas devem respeitar as normas do direito internacional humanitário. No contexto de conflito armado ou risco elevado de abusos graves, as empresas devem realizar uma devida diligência aprimorada em relação a impactos adversos, incluindo violações do direito humanitário internacional.

46. No parágrafo 1, lidar com os impactos adversos reais e potenciais sobre os direitos humanos consiste na adoção de medidas adequadas para a sua identificação e prevenção, quando possível, e mitigação de potenciais impactos sobre os direitos humanos, reparação dos impactos reais e reflexão da forma como os impactos adversos sobre os direitos humanos são tratados. O termo 'violar´ refere-se a impactos adversos que uma empresa pode ter sobre os direitos humanos dos indivíduos.

47. O parágrafo 2 recomenda que as empresas evitem causar ou contribuir para impactos adversos sobre os direitos humanos através das suas próprias atividades e lidem com esses impactos quando ocorrerem. As 'atividades' podem incluir ações e omissões. Quando uma empresa causa ou pode causar um impacto adverso sobre os direitos humanos, ela deve adotar as medidas necessárias para interromper ou prevenir o impacto. Caso uma empresa contribua ou possa contribuir para esse impacto, ela deve adotar as medidas necessárias para interromper ou impedir a sua contribuição e utilizar o seu poder de influência para mitigar, o máximo possível, qualquer impacto remanescente. Considera-se que existe poder de influência quando uma empresa tem a capacidade de efetuar mudanças nas práticas de uma entidade que causam impactos adversos sobre os direitos humanos.

48. O parágrafo 3 aborda situações mais complexas nas quais uma empresa não contribuiu para um impacto adverso sobre os direitos humanos, mas esse impacto está, no entanto, diretamente ligado às suas operações, produtos ou serviços pela sua relação comercial com outra entidade. O objetivo do

parágrafo 3 não é transferir a responsabilidade da entidade causadora de um impacto adverso sobre os direitos humanos para a empresa com a qual ela tem uma relação comercial. O cumprimento da expectativa do parágrafo 3 implicaria que uma empresa, atuando sozinha ou em cooperação com outras entidades, conforme apropriado, utilizasse e, quando necessário, aumentasse a sua influência sobre a entidade causadora do impacto adverso sobre os direitos humanos para prevenir ou mitigar esse impacto. 'Relações comerciais' incluem relações com parceiros comerciais, entidades na sua cadeia de fornecimento e qualquer outra entidade não estatal ou estatal diretamente vinculada às suas operações comerciais, produtos ou serviços. Entre os fatores que determinam a ação apropriada nestas situações, estão o poder de influência da empresa sobre a entidade em questão, a importância da relação para a empresa, a gravidade do impacto e se o encerramento da relação comercial com a entidade teria impactos adversos sobre os direitos humanos.

49. O parágrafo 4 recomenda que as empresas expressem o seu compromisso de respeitar os direitos humanos através de uma declaração política disponível ao público que: *(i)* seja aprovada ao mais elevado nível da empresa; *(ii)* seja divulgada por peritos internos e/ou externos relevantes; *(iii)* estipule as expectativas da empresa em relação aos trabalhadores, parceiros comerciais e outras partes diretamente ligadas às suas operações, produtos ou serviços, no que diz respeito aos direitos humanos; *(iv)* seja comunicada interna e externamente a todos os trabalhadores, parceiros comerciais e outras partes relevantes; *(v)* esteja refletida nas políticas e procedimentos operacionais necessários para incorporá-la em toda a empresa.

50. O parágrafo 5 recomenda que as empresas realizem a devida diligência em direitos humanos. O processo envolve a avaliação dos impactos reais e potenciais sobre os direitos humanos, integrando a devida diligência e agindo de acordo com os seus resultados, avaliando as respostas e comunicando a forma como os impactos vão sendo s tratados. A devida diligência em direitos humanos pode ser incluída em sistemas mais amplos de gestão de riscos empresariais, desde que vá além da simples identificação e gestão de riscos materiais para a própria empresa, incluindo os riscos para os titulares dos direitos. É um exercício contínuo, considerando que os riscos referentes aos direitos humanos podem evoluir ao longo do tempo, à medida que as operações da empresa e o contexto operacional sofrem mudanças. Orientações complementares sobre devida diligência, inclusive em relação às cadeias de fornecimento, e respostas apropriadas aos riscos que surgem nas cadeias de fornecimento são apresentadas nos parágrafos A.11 a A.13 do capítulo sobre Políticas Gerais e nos seus Comentários. Além disso, foram desenvolvidos guias complementares para setores e riscos específicos, bem como ao nível intersectorial através Guia Multissetorial da OCDE sobre o Dever de Diligência para uma Conduta Empresarial Responsável. A realização da devida diligência ao nível dos direitos humanos pode envolver a consideração de riscos distintos e que se intersectam, incluindo riscos relacionados com características individuais ou com grupos vulneráveis ou marginalizados. Neste sentido, o envolvimento significativo das partes interessadas é importante, além de ser igualmente importante considerar formas de maximizar os resultados do desenvolvimento sustentável para estes grupos.

51. Quando as empresas identificam, através do seu processo de devida diligência em direitos humanos ou por intermédio de outros meios, que causaram ou contribuíram para um impacto adverso, as *Diretrizes* recomendam que essas empresas facultem o provimento ou cooperem na reparação do impacto através de processos legítimos. As empresas devem estabelecer ou participar em processos para permitir a reparação. Algumas situações exigem cooperação com mecanismos judiciais ou extrajudiciais detidos pelo estado. Noutras situações, os mecanismos de reclamação a nível operacional disponíveis para as pessoas potencialmente afetadas pelas atividades das empresas, podem ser um meio eficaz de fornecer tais processos quando estes cumprem os critérios fundamentais de: legitimidade, acessibilidade, previsibilidade, equidade, compatibilidade com as *Diretrizes,* sendo a transparência e a compatibilização de direitos, uma fonte de aprendizagem contínua, e que se baseiam no diálogo e no envolvimento com o objetivo de alcançar soluções consensuais. Estes mecanismos podem ser geridos exclusivamente por uma empresa ou em colaboração com outras partes interessadas, podendo ser uma fonte de

aprendizagem contínua. Os mecanismos de reclamação a nível operacional não devem ser utilizados para prejudicar o papel dos sindicatos na resolução de processos laborais, nem devem impedir o acesso a mecanismos de reclamação judiciais ou extrajudiciais, incluindo os Pontos de Contato Nacionais, nos termos das *Diretrizes*.

V. Emprego e Relações de Trabalho

As empresas deverão, no âmbito da legislação aplicável, dos regulamentos e das relações de trabalho e práticas de emprego em vigor, bem como das normas de trabalho internacionais aplicáveis, evitar quaisquer práticas e relações de trabalho ilegais, de acordo com as expectativas de devida diligência descritas nos Capítulos II e IV:

1.

a) Respeitar o direito dos trabalhadores de criar ou aderir a sindicatos e organizações representativas da sua própria escolha, inclusive evitando interferir na decisão dos trabalhadores de criar ou aderir a um sindicato ou organização representativa da sua própria escolha.

b) Respeitar o direito dos trabalhadores de ter sindicatos e organizações representativas da sua própria escolha, reconhecidas para fins de negociação coletiva e envolvimento em negociações construtivas, individualmente ou através de associações de empregadores, com tais representantes tendo em vista chegar a acordos sobre termos e condições de trabalho.

c) Contribuir para a abolição efetiva do trabalho infantil e adotar medidas imediatas e eficazes para garantir urgentemente a eliminação das piores formas de trabalho infantil.

d) Contribuir para a eliminação de todas as formas de trabalho forçado ou obrigatório e adotar medidas imediatas e eficazes para a eliminação do trabalho forçado ou obrigatório com caráter de urgência.

e) Orientar todas as suas operações pelo princípio da igualdade de oportunidades e tratamento no trabalho e não discriminar os seus trabalhadores em relação ao trabalho ou ocupação com base na raça, cor, sexo, idade, religião, opinião política, ascendência nacional ou origem social, deficiência ou outra condição, a menos que a seletividade em relação às características do trabalhador tenha o objetivo de fazer face a políticas governamentais estabelecidas que promovam especificamente uma maior igualdade de oportunidades de trabalho ou se relacione com os requisitos inerentes a um trabalho.

f) Proporcionar um ambiente de trabalho seguro e saudável de acordo com a Declaração da OIT sobre os Princípios e Direitos Fundamentais no Trabalho.

2.

a) Proporcionar aos representantes dos trabalhadores as condições necessárias para auxiliar no desenvolvimento de acordos coletivos eficazes.

b) Fornecer atempadamente informações que sejam necessárias aos representantes dos trabalhadores para levar a cabo negociações significativas sobre as condições de trabalho.

c) Fornecer informações aos trabalhadores e aos seus representantes que lhes permitam ter uma visão verdadeira e justa do desempenho da entidade ou, quando apropriado, da empresa como um todo.

3. Promover consultas e cooperação entre os empregadores e os trabalhadores e os seus representantes em questões de interesse mútuo, através de processos, estruturas ou mecanismos legítimos.

4.

a) Cumprir as normas de trabalho, de acordos contratuais e de relações de trabalho em todas as suas operações.

b) Quando as empresas multinacionais operam noutros países, os salários, benefícios e condições de trabalho oferecidos nas suas operações não devem ser menos favoráveis para os trabalhadores do que aqueles oferecidos por empregadores comparáveis no país anfitrião. Quando não existirem empregadores comparáveis, as empresas devem oferecer os melhores salários, benefícios e condições de trabalho possíveis, no âmbito das políticas governamentais e das normas internacionais aplicáveis. Esses fatores devem estar relacionados com a posição económica da empresa, mas devem ser, pelo menos, adequados para atender às necessidades básicas dos trabalhadores e das suas famílias.

c) Manter os mais elevados padrões de segurança e saúde no trabalho.

5. Na medida do possível, empregar mão de obra local nas suas operações, e oferecer formação para melhorar os seus níveis de qualificação, em cooperação com representantes dos trabalhadores e, quando apropriado, com as autoridades governamentais relevantes.

6. Ao considerar alterações nas suas operações, que possam ter efeitos substanciais nas condições de trabalho, especialmente caso ocorra o encerramento das atividades de uma entidade que implique dispensas ou despedimentos coletivos , notificar em tempo útil tais alterações aos representantes dos trabalhadores afetados e às suas organizações e, caso seja necessário, às autoridades governamentais competentes, e cooperar com os representantes dos trabalhadores e com as autoridades governamentais competentes para mitigar, na medida do possível, os possíveis efeitos adversos de tais alterações. Considerando as circunstâncias específicas de cada caso, seria adequado que a administração da empresa enviasse a notificação antes da tomada da decisão final. Outros meios podem ser igualmente utilizados para proporcionar uma cooperação significativa na mitigação dos efeitos dessas decisões.

7. No contexto de negociações em boa-fé com os representantes dos trabalhadores sobre as condições de trabalho, ou enquanto os trabalhadores exercerem o direito de organização, as empresas não devem ameaçar transferir a totalidade ou parte de uma unidade operacional do país em questão, nem transferir trabalhadores das entidades do grupo da empresa de outros países para exercer pressões indevidas sobre essas negociações ou impedir o exercício do direito de organização ou negociação coletiva.

8. Permitir que representantes autorizados dos trabalhadores, conforme os seus vínculos laborais, negoceiem acordos coletivos ou questões que resultam das relações entre os trabalhadores e a administração, bem como permitir às partes que consultem questões de interesse comum junto dos representantes da administração autorizados a adotar decisões sobre esses assuntos.

Comentários sobre o Capítulo V: Emprego e Relações de Trabalho

52. Este capítulo inicia-se com um preâmbulo que inclui uma referência às leis e aos regulamentos "aplicáveis", que se destinam a reconhecer o facto de que as empresas multinacionais, embora operando dentro da jurisdição de determinados países, podem estar sujeitas a níveis nacionais e internacionais de regulamentação do emprego e relações de trabalho. Os termos "relações de trabalho em vigor" e "práticas de emprego" são suficientemente amplos para permitir diversas interpretações de acordo com diferentes circunstâncias nacionais, como, por exemplo, diferentes opções de negociação oferecidas aos trabalhadores nos termos das leis e regulamentos nacionais.

53. A Organização Internacional do Trabalho (OIT) é o órgão competente para definir e tratar as normas internacionais do trabalho e para promover os direitos fundamentais no trabalho, conforme

reconhecidos na sua Declaração sobre os Princípios e Direitos Fundamentais no Trabalho. As *Diretrizes*, na qualidade de instrumento não vinculativo, têm um papel na promoção do cumprimento desses princípios e normas pelas empresas multinacionais. As disposições das *Diretrizes* refletem disposições pertinentes da Declaração, bem como da Declaração Tripartida da OIT a respeito de Princípios sobre Empresas Multinacionais e a Política Social (Declaração sobre EMNs da OIT). A Declaração sobre EMNs da OIT estabelece princípios nas áreas de emprego, formação, condições de trabalho e relações de trabalho, enquanto as *Diretrizes* da OCDE referem-se aos principais aspetos da conduta empresarial. As *Diretrizes* da OCDE e a Declaração sobre EMNs da OIT referem-se ao comportamento esperado das empresas e têm natureza complementar, não entrando em contradição entre si. A Declaração sobre EMNs da OIT pode, portanto, ser útil para a compreensão das *Diretrizes,* uma vez que apresenta mais detalhes. No entanto, as responsabilidades pelos procedimentos de acompanhamento nos termos da Declaração sobre EMNs da OIT e nas *Diretrizes* são institucionalmente distintas.

54. A terminologia utilizada no Capítulo V é consistente com a utilizada na Declaração sobre EMNs da OIT. É reconhecido que, na ausência de vínculo laboral, as empresas devem, no entanto, atuar em conformidade com as recomendações de devida diligência baseada no risco e na cadeia de fornecimento constantes nos parágrafos A.11 a A.14 do Capítulo II sobre Políticas Gerais. Isso é especialmente relevante em setores onde a informalidade, os contratos de trabalho de curto prazo, a escassez de trabalho digno e a transformação digital podem ser mais comuns.

55. Estas recomendações não interferem com as relações civis e comerciais autênticas, mas procuram assegurar que os indivíduos numa relação de trabalho tenham a devida proteção no contexto das *Diretrizes*.

56. O parágrafo 1 deste capítulo destina-se a refletir todos os princípios e direitos fundamentais no trabalho presentes na Declaração da OIT sobre os Princípios e Direitos Fundamentais no Trabalho, a saber, a liberdade de associação e o direito à negociação coletiva, a abolição efetiva do trabalho infantil, a eliminação de todas as formas de trabalho forçado ou obrigatório, a não discriminação no emprego e na profissão, bem como a promoção de um ambiente de trabalho seguro e saudável. Tais princípios e direitos foram desenvolvidos na forma de direitos e obrigações específicas nas Convenções da OIT e reconhecidos como fundamentais.

57. O parágrafo 1c) recomenda que as empresas multinacionais contribuam para a abolição efetiva do trabalho infantil, no contexto da Declaração da OIT sobre os Princípios e Direitos Fundamentais no Trabalho. Os instrumentos consagrados da OIT sobre o trabalho infantil são a Convenção 138 e a Recomendação 146 (ambas adotadas em 1973), relativas à idade mínima para o emprego, e a Convenção 182 e a Recomendação 190 da OIT, relativas às piores formas de trabalho infantil. Através das suas práticas de gestão do trabalho, criação de trabalho digno e bem remunerado e da sua contribuição para o crescimento económico, as empresas multinacionais podem desempenhar um papel positivo para ajudar a combater as causas profundas da pobreza em geral e especificamente do trabalho infantil. É importante reconhecer e incentivar o papel das empresas multinacionais e a sua contribuição na procura de uma solução duradoura para o problema do trabalho infantil. Neste sentido, é fundamental elevar os níveis de educação das crianças que vivem nos países anfitriões.

58. O parágrafo 1d) recomenda que as empresas contribuam para a eliminação de todas as formas de trabalho forçado e obrigatório, outro princípio derivado da Declaração da OIT sobre Princípios e Direitos Fundamentais no Trabalho e reconhecido no Pacto Internacional sobre os Direitos Civis e Políticos (PIDCP) como o direito humano de estar livre de trabalho forçado e obrigatório. A referência a este direito laboral fundamental baseia-se na Convenção 29 da OIT de 1930 e o seu Protocolo de 2014 e na Convenção 105 da OIT de 1957. A Convenção 29 exige que os governos "impeçam o uso do trabalho forçado ou obrigatório sob todas as suas formas o mais rápido possível", enquanto a Convenção 105 exige que os governos "reprimam e não utilizem qualquer forma de trabalho forçado ou obrigatório" para determinadas finalidades enumeradas (por exemplo, como meio de coerção política ou disciplina de

trabalho) e "adotem medidas eficazes para garantir a [sua] abolição imediata e completa". Ao mesmo tempo, entende-se que a OIT é o órgão competente para lidar com a difícil questão do trabalho prisional, especificamente no que se refere à contratação dos presidiários (ou da disponibilização da sua mão de obra) para indivíduos, empresas ou associações. As empresas devem adotar as medidas necessárias para prevenir o tráfico humano, inclusive para fins de trabalho forçado, e combater os meios coercivos, incluindo a escravatura por dívida. As empresas devem responder aos indicadores estabelecidos nos Indicadores de Trabalho Forçado da OIT e reforçar a transparência sobre as ações realizadas para lidar com os riscos do trabalho forçado associados às suas operações, produtos e serviços.

59. Considera-se que a referência ao princípio da não discriminação em relação ao emprego e à atividade profissional prevista no parágrafo 1e) seaplica aos termos e condições da contratação, atribuição de trabalho, despedimento, remuneração e benefícios, promoção, transferência ou realocação, rescisão, formação e reforma. A lista dos motivos inadmissíveis para a discriminação, previstos na Convenção 111 da OIT sobre Discriminação (Emprego e Ocupação), na Convenção 100 da OIT, na Convenção 183 sobre Proteção à Maternidade, na Convenção 159 sobre Emprego de Pessoas com Deficiência, na Recomendação 162 sobre Trabalhadores Idosos e na Recomendação 200 sobre HIV e SIDA no Trabalho, considera que qualquer distinção, exclusão ou preferência com base nessas condições constitui uma violação das Convenções, das Recomendações e dos Códigos. O termo "outra situação" para efeito das *Diretrizes,* refere-se à atividade sindical e às características pessoais, como a idade, deficiência, sexo, gravidez, estado civil, orientação sexual ou condição de pessoa portadora de HIV. Em conformidade com o disposto no parágrafo 1e, espera-se que as empresas promovam a igualdade de oportunidades para todos, com ênfase especial na igualdade de critérios de seleção, remuneração, formação e promoção, bem como na igualdade de aplicação desses critérios, e evitem discriminações ou despedimentos em razão de casamento, gravidez ou responsabilidades familiares dos trabalhadores. A Convenção 190 da OIT sobre Violência e Assédio é relevante a este respeito.

60. O parágrafo 1f) recomenda a todas as empresas que proporcionem um ambiente de trabalho seguro e saudável, inclusive prevenindo acidentes e danos à saúde decorrentes, relacionados ou ocorridos durante o trabalho, minimizando, na medida do possível, as causas de riscos inerentes ao ambiente de trabalho.

61. No parágrafo 2c) deste capítulo, espera-se que as informações divulgadas pelas empresas aos seus trabalhadores e os seus representantes forneçam uma "visão verdadeira e justa" do desempenho. Essas informações relacionam-se com a estrutura da empresa, a sua situação económica e financeira e as suas perspetivas, os seus impactos ambientais adversos na saúde e segurança, tendências laborais e alterações substanciais esperadas nas operações, considerando as exigências legítimas de confidencialidade comercial. A atenção à confidencialidade comercial pode significar que informações sobre determinados pontos não possam ser fornecidas ou não possam ser fornecidas sem ressalvas.

62. A referência às formas consultivas de participação dos trabalhadores no parágrafo 3 do Capítulo é retirada da Recomendação 94 da OIT sobre Consulta e Colaboração entre Empregadores e Trabalhadores no Âmbito da Empresa. Essa disposição está em conformidade com uma disposição prevista na Declaração sobre EMNs da OIT. Tais mecanismos consultivos não devem substituir o direito dos trabalhadores de negociar os seus termos e condições de emprego. Uma recomendação sobre mecanismos consultivos no que diz respeito aos acordos de trabalho também é parte integrante do parágrafo 8.

63. No parágrafo 4, entende-se que as normas relativas ao emprego e às relações de trabalho incluem disposições relativas à remuneração e horário de trabalho. A referência à saúde e segurança ocupacional implica que se espera que as empresas multinacionais sigam as normas regulatórias vigentes e os padrões da indústria para minimizar o risco de acidentes e danos à saúde decorrentes, relacionados com ou que ocorram durante o vínculo laboral. Desta forma, incentiva-se as empresas a trabalharem para elevar o seu nível de desempenho relativamente à saúde e segurança ocupacional em toda a sua operação, ainda que

isso não seja formalmente exigido pelos regulamentos existentes nos países em que operam. Incentiva-se igualmente as empresas a respeitarem a capacidade dos trabalhadores de se retirarem de uma situação de trabalho quando houver justificação razoável para acreditar que a atividade representa um risco grave e iminente para a saúde ou segurança. Refletindo a sua importância e a natureza complementar entre as recomendações relacionadas, as questões de saúde e segurança estão dispostas noutras partes das *Diretrizes*, com destaque para os capítulos relativos aos Interesses do Consumidor e ao Ambiente. A Recomendação 194 da OIT sobre a Lista de Doenças Ocupacionais fornece uma lista das mesmas, bem como códigos de práticas e guias que podem ser considerados pelas empresas para a aplicação da presente recomendação das *Diretrizes*. Orientações adicionais para as empresas sobre saúde e segurança ocupacional estão disponíveis na Parte IV (Ação no nível das empresas) da Convenção 155 da OIT sobre Segurança e Saúde Ocupacional e nas Diretrizes sobre Sistemas de Gestão de Segurança e Saúde Ocupacional (ILO-OSH).

64. A recomendação constante no parágrafo 5 do capítulo incentiva as empresas multinacionais a recrutarem localmente uma parte da mão de obra qualificada, incluindo para os cargos de gestão de pessoal, e a fornecerem formação a esse pessoal. A formação para a qualificação e requalificação deve antecipar futuras alterações nas operações e necessidades dos empregadores, incluindo aquelas que respondem a mudanças tecnológicas sociais e ambientais, riscos e oportunidades relacionados com a automação, digitalização, transição justa e desenvolvimento sustentável. A redação deste parágrafo sobre formação e níveis de competência complementa o texto no parágrafo A.4 do capítulo de Políticas Gerais sobre o incentivo à formação de capital humano. A referência à mão de obra local complementa o texto que incentiva a capacitação local no parágrafo A.3 do capítulo de Políticas Gerais. Em conformidade com a Recomendação 195 da OIT sobre o Desenvolvimento de Recursos Humanos, as empresas são igualmente incentivadas a investir, o máximo possível, na formação e aprendizagem ao longo da vida, garantindo a igualdade de oportunidades de formação para mulheres e outros grupos vulneráveis, como os jovens, pessoas com poucas qualificações, pessoas com deficiência, migrantes, trabalhadores idosos e povos indígenas.

65. As empresas têm um papel importante a desempenhar na promoção e criação de trabalho digno. O parágrafo 6 recomenda que as empresas notifiquem com antecedência razoável os representantes dos trabalhadores e as autoridades governamentais pertinentes sobre as alterações às suas operações que possam ter efeitos importantes sobre a subsistência de seus trabalhadores, especificamente o encerramento de uma entidade ou alterações com vista à automação que resultem em dispensas ou demissões em grande escala. Conforme declarado no parágrafo, o objetivo desta disposição é proporcionar uma oportunidade de cooperação para mitigar os efeitos dessas mudanças. Este é um princípio importante amplamente refletido nas leis e práticas de relações laborais nos países signatários, embora as abordagens adotadas para garantir uma oportunidade de cooperação significativa não sejam idênticas em todos esses países. O parágrafo observa também que seria adequado que, à luz de circunstâncias específicas, a administração pudesse enviar uma notificação sobre a questão antes da decisão final. Na verdade, o aviso prévio à decisão final é uma característica das leis e práticas das relações laborais em diversos países signatários. No entanto, esse não é o único meio de garantir uma oportunidade de cooperação significativa para mitigar os efeitos de tais decisões, e as leis e práticas de outros países signatários preveem outros meios, como por exemplo períodos definidos durante os quais devem ser realizadas consultas antes da implementação das decisões.

VI. Ambiente

As empresas desempenham um papel fundamental no progresso das economias sustentáveis e podem contribuir para uma resposta eficaz e progressiva aos desafios ambientais globais, regionais e locais, incluindo a ameaça urgente das alterações climáticas. No âmbito das leis, regulamentos e práticas administrativas dos países em que operam, e considerando os acordos, princípios, objetivos e normas internacionais relevantes, as empresas deverão conduzir as suas atividades de forma a terem em consideração a necessidade de proteger o ambiente e, por sua vez, os trabalhadores, as comunidades e a sociedade em geral, evitando e combatendo impactos ambientais adversos e contribuindo para o objetivo mais amplo do desenvolvimento sustentável. As empresas podem estar envolvidas numa série de impactos ambientais adversos. Estes incluem, entre outros:

a) alterações climáticas;
b) perda de biodiversidade;
c) degradação dos ecossistemas terrestres, marinhos e de água doce;
d) desflorestação;
e) poluição do ar, da água e do solo;
f) má gestão de resíduos, incluindo substâncias perigosas.

Diferenças importantes entre os impactos ambientais são descritas nos comentários relativos a este capítulo, inclusive relativamente às alterações climáticas e como a interação de uma empresa individual com esses impactos deve ser considerada no contexto dos enquadramentos relevantes.

Especificamente, as empresas deverão:

1. Estabelecer e manter um sistema de gestão ambiental adequado às características da empresa e associado às operações, produtos e serviços desta durante todo o seu ciclo de vida, incluindo a realização da devida diligência baseada no risco, conforme descrito no Capítulo II, para impactos ambientais adversos, inclusive através da:
   a) identificação e avaliação dos impactos ambientais adversos associados às operações, produtos ou serviços da empresa, inclusive através da recolha e avaliação de informações adequadas e atempadas sobre os impactos adversos associados às suas operações, produtos e serviços e, no caso de atividades que podem ter impactos ambientais adversos significativos, da elaboração de uma avaliação apropriada de impacto ambiental;
   b) definição e implementação de objetivos, metas e estratégias mensuráveis para lidar com impactos ambientais adversos associados às suas operações, produtos e serviços e para melhorar o desempenho ambiental. As metas devem ser baseadas em evidências científicas, alinhadas com as políticas nacionais relevantes e compromissos e metas internacionais e fundamentadas nas melhores práticas;
   c) verificação regular da eficácia das estratégias, monitorização do progresso em prol dos objetivos e metas ambientais e revisão periódica da relevância contínua dos objetivos, metas e estratégias;

d) disponibilização ao público, trabalhadores e outras partes interessadas relevantes de informações adequadas, mensuráveis, verificáveis (quando aplicável) e atempadas sobre os impactos ambientais associados às suas operações, produtos e serviços com base na melhor informação disponível e no progresso em relação às metas e objetivos descritos no parágrafo 1.b;

e) provisão de, ou cooperação na, reparação, conforme necessário, para lidar com os impactos ambientais adversos que a empresa causou ou para os quais contribuiu, e utilização da sua influência sobre outras entidades causadoras ou que contribuíram para impactos ambientais adversos para remediá-los.

2. Interagir de forma significativa com as partes interessadas relevantes afetadas por impactos ambientais adversos associados às operações, produtos ou serviços da empresa.

3. De forma consistente com o conhecimento científico e técnico dos riscos, caso existam ameaças de danos graves ou irreversíveis para o ambiente, considerando também a saúde e a segurança humanas, não usar a falta de plena certeza científica ou atalhos como motivo para adiar medidas eficazes de prevenção ou redução de tais danos.

4. Manter planos de contingência para prevenir, mitigar e controlar graves danos ambientais e sanitários causados pelas suas operações, incluindo acidentes e emergências, bem como desenvolver mecanismos de comunicação imediata às autoridades competentes.

5. Procurar melhorar continuamente o desempenho ambiental da empresa e, se for o caso, das entidades com as quais ela se relaciona comercialmente, incluindo:

   a) A adoção de tecnologias e, sempre que possível, das melhores tecnologias disponíveis, para melhorar o desempenho ambiental;

   b) O desenvolvimento e fornecimento de produtos ou serviços que não tenham impactos ambientais indevidos; que são seguros na sua utilização pretendida; que são duráveis, reparáveis e podem ser reutilizados, reciclados ou descartados com segurança e que são produzidos de forma ambientalmente correta com a utilização sustentável dos recursos naturais, minimizando tanto quanto possível a utilização de energia e de matérias-primas e a geração de poluição, emissões de gases com efeito estufa e resíduos, em especial resíduos perigosos;

   c) A promoção de níveis mais elevados de sensibilização dos consumidores sobre as implicações ambientais da utilização dos produtos e serviços da empresa, incluindo a disponibilização de informações relevantes e precisas sobre os seus impactos ambientais (por exemplo, sobre as emissões de gases com efeito de estufa, impactos na biodiversidade, eficiência dos recursos, reparabilidade e reciclabilidade ou outras questões ambientais).

6. Oferecer educação e formação adequadasaos trabalhadores sobre questões ambientais, de saúde e de segurança, incluindo o manuseamento de materiais e resíduos perigosos e não perigosos e a prevenção de acidentes ambientais, bem como sobre questões mais gerais da gestão ambiental, tais como procedimentos de avaliação de impacto ambiental, relações-públicas e tecnologias ambientais. Fornecer apoio, incluindo capacitação em gestão ambiental, a fornecedores e outras entidades com as quais tenham relações comerciais, especialmente pequenas e médias empresas e pequenos proprietários, quando apropriado e viável.

7. Contribuir para o desenvolvimento de práticas ambientalmente responsáveis e políticas públicas economicamente eficientes, por exemplo, através de parcerias ou iniciativas que promovam a sensibilização e a proteção ambiental.

Comentários ao Capítulo VI: Ambiente

66. A consecução dos objetivos ambientais requer uma abordagem que envolva toda a sociedade. As *Diretrizes* definem de que maneira se espera que as empresas evitem e lidem com impactos ambientais adversos e contribuam para atingir as metas de mitigação e adaptação às alterações climáticas; para a conservação, recuperação e uso sustentável da biodiversidade; para o uso sustentável, eficiente e legal da terra, recursos e energia; para o consumo e produção sustentáveis, inclusive através da promoção de abordagens de economia circular; e para a prevenção, redução e controlo da poluição. Os compromissos internacionais, acordos multilaterais e outros marcos regulatórios representam uma referência importante para a compreensão das questões e expectativas ambientais. Alguns acordos internacionais estabelecem objetivos governamentais coletivos e podem não prever detalhadamente as responsabilidades de empresas individuais em relação a tais objetivos. Nesses casos, estruturas regulatórias relevantes, políticas nacionais e normas amplamente reconhecidas de gestão e conservação ambientais e evidências científicas são referências importantes. O texto do Capítulo sobre Ambiente reflete amplamente os princípios e objetivos contidos na Declaração do Rio sobre Ambiente e Desenvolvimento, na Agenda 21 (no âmbito da Declaração do Rio) e na Agenda 2030 das Nações Unidas para o Desenvolvimento Sustentável. Também está alinhado com a Convenção-Quadro das Nações Unidas sobre Alterações climáticas (UNFCCC), com o Acordo de Paris, com a Convenção sobre Biodiversidade, com o Marco Global Kunming-Montreal da Biodiversidade, com as convenções regionais relevantes sobre acesso à informação, com a participação pública, com a justiça no domínio do ambiente, com a Convenção das Nações Unidas de Combate à Desertificação, com os acordos ambientais regionais relevantes, e reflete as normas contidas em instrumentos como a Norma ISO sobre Sistemas de Gestão Ambiental, as Normas de Desempenho Ambiental e Social da Sociedade Financeira Internacional e a Abordagem Estratégica para a Gestão Internacional de Produtos Químicos (SAICM).

67. No contexto das *Diretrizes*, a "gestão ambiental" deve ser interpretada no seu sentido mais amplo, incorporando atividades destinadas à compreensão dos impactos e riscos ambientais, evitando e abordando os impactos ambientais relacionados com as operações, produtos e serviços da empresa, considerando a participação da empresa nos impactos cumulativos e procurando melhorar continuamente o desempenho ambiental da empresa. A gestão ambiental também envolve a realização de devida diligência baseada no risco de ocorrência de impactos ambientais adversos. De acordo com o Capítulo II, a natureza e a extensão da devida diligência ambiental dependerão das circunstâncias de cada empresa. As limitações à realização de devida diligência ambiental podem dever-se à ausência de dados ambientais e de tecnologias adequadas. A devida diligência também envolverá a priorização com base no risco. Também dependerá do grau de previsibilidade dos impactos ambientais associados às operações, produtos ou serviços da empresa. A gestão ambiental é uma parte importante do desenvolvimento sustentável e pode exigir um equilíbrio entre diversas prioridades, incluindo as prioridades e metas nacionais para o desenvolvimento sustentável. A gestão ambiental é para as empresas uma responsabilidade e também uma oportunidade de negócio. As empresas multinacionais têm um papel a desempenhar nestes aspetos. Por conseguinte, os gestores destas empresas devem dar a devida atenção às questões ambientais no âmbito das suas estratégias empresariais. Melhorar o desempenho ambiental exige um compromisso com uma abordagem sistemática e com uma melhoria contínua do sistema. Um sistema de gestão ambiental fornece a estrutura interna necessária para integrar considerações ambientais nas operações comerciais. A implantação de tal sistema deve ajudar a garantir aos acionistas, trabalhadores, comunidades e outras partes interessadas relevantes que a empresa está a trabalhar ativamente para proteger o ambiente dos impactos adversos das suas atividades.

68. O preâmbulo deste capítulo especifica uma lista não exaustiva de impactos ambientais adversos que podem estar associados às atividades empresariais. Muitas atividades empresariais podem acarretar impactos adversos no ambiente. Impactos ambientais adversos são alterações significativas no ambiente ou nos seres vivos com efeitos nocivos na composição, resiliência, produtividade ou no limite máximo de

crescimento de ecossistemas naturais e artificiais, ou na operação de sistemas socioeconómicos ou nas pessoas. Os impactos ambientais adversos devem ser avaliados à luz do melhor conhecimento científico disponível. No âmbito das *Diretrizes*, conforme descrito no Capítulo II, uma empresa "causa" um impacto ambiental adverso se as suas atividades por si só forem suficientes para resultar no impacto adverso. Uma empresa "contribui para" um impacto ambiental adverso se as suas atividades, em combinação com as atividades de outras entidades, causarem o impacto, ou se as atividades da empresa causarem, facilitarem ou incentivarem outra entidade a causar um impacto adverso. Um impacto ambiental adverso também pode estar diretamente ligado às operações comerciais, produtos ou serviços de uma empresa através de uma relação comercial, mesmo que não contribuam para esse impacto.

69. Os impactos ambientais podem ser coletivos e interligados, ou isolados; podem ser localizados ou de natureza transfronteiriça. Embora alguns impactos ambientais sejam bem conhecidos, a extensão, a natureza e a causa de outros podem ser menos conhecidas, podem estar em evolução ou podem até mesmo ser desconhecidos. Portanto, embora em alguns casos seja possível avaliar, com base em evidências científicas e nas informações disponíveis, até que ponto uma empresa está a contribuir para um impacto ambiental adverso, noutros casos esta avaliação pode ser um desafio. Neste último contexto mais desafiante, para efeito das *Diretrizes*, a avaliação do contributo de uma empresa nos impactos adversos deve ter em conta em que medida as suas atividades são consistentes com as normas amplamente reconhecidas, os processos de gestão ambiental e as salvaguardas relacionadas com as boas práticas ambientais; os benchmarks e as normas estatuídas pelas regras ambientais aplicáveis e enquadramentos regulatórios; e acordos internacionais relevantes.

70. Os impactos ambientais adversos estão frequentemente interligados com outras matérias contempladas nas *Diretrizes,* como a saúde e a segurança, os impactos nos trabalhadores e nas comunidades, o acesso a meios de subsistência ou o direito à propriedade. Além disso, a realização da devida diligência ambiental e a gestão dos impactos ambientais adversos tem geralmente em consideração as várias prioridades, tais como as ambientais, as sociais e o desenvolvimento. Especificamente, o preâmbulo do Acordo de Paris tem em consideração os imperativos de uma transição justa, da mão-de-obra e da criação de trabalho digno e empregos de qualidade, de acordo com as prioridades de desenvolvimento definidas a nível nacional, e reconhece que, ao adotar medidas para enfrentar as alterações climáticas, as Partes devem respeitar, promover e ponderar as respetivas obrigações. Neste contexto, é importante que as empresas avaliem e abordem os impactos sociais no contexto da sua gestão ambiental e atividades de devida diligência e adotem medidas para prevenir e mitigar esses impactos adversos, afastando-se de práticas prejudiciais para o ambiente, e convergindo paraindústrias ou práticas mais amigas do ambiente, como é o uso de energia renovável. Será igualmente importante que as empresas respeitem os direitos dos trabalhadores, incluindo o envolvimento no diálogo social e na negociação coletiva, conforme descrito no Capítulo V, se envolvam significativamente com as partes interessadas relevantes e, sempre que necessário, recorram à desvinculação responsável, conforme descrita no Capítulo II.

71. Além de melhorar o desempenho ambiental, a implementação de um sistema de gestão ambiental pode proporcionar benefícios económicos às empresas através da redução dos custos operacionais e das despesas com seguros, da melhoria da eficiência energética e dos recursos, da redução dos encargos para verificação da conformidade e responsabilidade, maior sustentabilidade e resiliência, facilidade de acesso a capital e competências, aumento da satisfação dos clientes e melhoria das relações públicas e comunitárias.

72. A comunicação sobre os impactos ambientais associados às operações, produtos e serviços de uma empresa, bem como o envolvimento significativo das partes interessadas, são uma componente da devida diligência e podem ser exigidos por lei. Normas de reporte como os da Global Reporting Initiative e outras normas de reporte ambientais são referências úteis. Ver também o Capítulo III sobre Divulgação de Informações. O envolvimento significativo e a comunicação com as partes interessadas, como trabalhadores, clientes, investidores, fornecedores, contratados, comunidades locais, indivíduos ou grupos

em situações de vulnerabilidade ou marginalização, pessoas com direitos especiais ou direitos legítimos de propriedade e Povos Indígenas e com o público em geral, são particularmente importantes quando as partes interessadas são, ou podem ser, afetadas por tais impactos e quando ativos ambientais escassos ou em risco estão em jogo, seja num contexto regional, nacional ou internacional.

73. As empresas são incentivadas a adotar normas sustentáveis de consumo e produção, inclusive através da eficiência de recursos, da economia circular e de outros modelos. Através de tais práticas, as empresas podem reduzir significativamente os seus impactos ambientais adversos. A eficiência de recursos promove a utilização mais eficiente e eficaz de recursos e materiais, inclusive através do fornecimento de matérias-primas adequadas do ponto de vista ambiental. Além disso, as abordagens da economia circular são relevantes, conforme apropriado, como um dos meios disponíveis para alcançar o desenvolvimento sustentável. De acordo com as prioridades e circunstâncias nacionais, uma economia circular é um modelo no qual produtos e materiais são projetados para que possam ser reutilizados, reparados, remanufaturados, reciclados ou recuperados e, portanto, mantidos na economia pelo maior tempo possível, juntamente com os recursos de que são feitos, evitando ou minimizando a produção de resíduos, especialmente os perigosos, e prevenindo e reduzindo as emissões de gases com efeito de estufa.

74. A premissa básica das *Diretrizes* é que as empresas devem agir o mais rápido possível e de forma proativa para evitar impactos ambientais adversos.

75. As *Diretrizes* não se destinam a reinterpretar os instrumentos existentes nem a criar novos compromissos ou precedentes por parte dos governos. Elas destinam-se apenas a recomendar a aplicação de uma abordagem de precaução por parte das empresas. Reconhece-se que é necessária alguma flexibilidade na aplicação de tal abordagem, com base no contexto específico em que é aplicada. Reconhece-se também que os governos determinam a estrutura básica relativamente a essa questão e à luz das suas capacidades, e que têm a responsabilidade de consultar periodicamente as partes interessadas sobre a melhor forma de proceder, garantindo transparência e uma abordagem baseada em evidências científicas.

76. As empresas dão um contributo importante para a neutralidade carbónica e uma economia climaticamente resiliente necessária para alcançar as metas acordadas internacionalmente sobre mitigação e adaptação às alterações climáticas. Durante o processo de transição para atingir a neutralidade carbónica, muitas atividades comerciais gerarão emissões de gases com efeito estufa ou contribuirão para a redução dos sumidouros de carbono. As empresas devem garantir que as suas emissões de gases com efeito de estufa e o impacto nos sumidouros de carbono sejam consistentes com as metas de temperatura global acordadas internacionalmente com base nos melhores dados científicos disponíveis, inclusive conforme avaliado pelo Painel Intergovernamental sobre Alterações climáticas (IPCC).

77. Isso inclui a introdução e implementação de políticas, estratégias e planos de transição com base em evidências científicas para a mitigação e adaptação às alterações climáticas, bem como a adoção, implementação monitorização e apresentação de relatórios sobre as metas de mitigação de curto, médio e longo prazo. Essas metas devem ser baseadas em evidências científicas, incluir metas absolutas, bem como, quando relevante, metas de redução de Gases com Efeito de Estufa (GEE) baseadas na intensidade e levando em consideração as emissões de GEE de âmbito 1, 2 e, na medida do possível com base nas melhores informações disponíveis, as emissões de GEE de âmbito 3. Será importante reportar, rever e atualizar as metas regularmente no que concerne à sua adequação e relevância, com base nas evidências científicas mais recentes disponíveis e à medida que diferentes caminhos de transição específicos da indústria ou nacionais sejam desenvolvidos e atualizados. As empresas devem priorizar a eliminação ou redução das fontes de emissões ao invés de medidas de compensação ou neutralização. Os créditos de carbono ou compensações podem ser considerados como último recurso para lidar com as emissões remanescentes. Os créditos ou compensações de carbono devem ser de alta integridade ambiental e não

devem desviar a atenção da necessidade de reduzir as emissões, nem contribuir para a manutenção de processos e infraestruturas altamente geradores de GEE. As empresas devem elaborar relatórios para divulgação pública da sua dependência face a quaisquer créditos ou compensações de carbono, e as características relevantes dos créditos ou compensações adotadas. Esses relatórios devem ser distintos e complementares dos relatórios sobre redução de emissões.

78. Recorrer à influência e ao fornecimento de tecnologia em termos mutuamente aceitáveis, à assistência técnica e financiamento a fornecedores e a outras relações comerciais para mitigação climática e outros esforços de adaptação serão fundamentais para atingir as metas e combater os impactos.

79. O alcance da resiliência e adaptação climáticas são componentes cruciais da resposta global de longo prazo às alterações climáticas para proteger as pessoas e os ecossistemas, exigindo o envolvimento e o apoio de todos os segmentos da sociedade. As empresas devem evitar atividades que prejudiquem a adaptação e a resiliência climáticas das comunidades, trabalhadores e ecossistemas.

80. A conservação da biodiversidade, a gestão sustentável e a utilização de recursos naturais e ecossistemas, incluindo, por exemplo, florestas, oceanos, turfeiras e zonas húmidas, é muito importante para a saúde e meios de subsistência humanos, a sobrevivência das espécies, bem como a mitigação e adaptação às alterações climáticas. As empresas devem contribuir para a conservação da biodiversidade, o uso sustentável das suas componentes e a repartição justa e equitativa dos benefícios decorrentes da utilização dos recursos genéticos. As empresas também devem evitar e combater a degradação da terra, do mar e da água doce, incluindo a desflorestação, de acordo com as metas dos Objetivos de Desenvolvimento Sustentável da ONU, principalmente a meta 15.2, o Plano Estratégico da ONU para Florestas 2017–2030 e a Declaração dos Líderes de Glasgow de 2021 sobre o Uso de Florestas e Terras, que procuram deter e reverter a perda de florestas e a degradação do solo até 2030. Os esforços devem incluir a realização de devida diligência intensificada no que diz respeito a potenciais impactos adversos sobre a biodiversidade em parques nacionais, reservas e outras áreas protegidas, incluindo locais que integram o Património Mundial Natural da UNESCO, áreas protegidas no âmbito da Convenção sobre Biodiversidade e conforme definido na legislação nacional, bem como sobre espécies protegidas. Quando for o caso, e de acordo com suas próprias capacidades e com a legislação do país onde operam, as empresas também devem contribuir para a gestão sustentável de terras e florestas, incluindo a restauração, a florestação, a reflorestação, incluindo a redução da degradação da terra, do mar e da água doce. Os esforços das empresas para prevenir ou mitigar os impactos adversos sobre a biodiversidade devem ser norteados pela hierarquia de mitigação da biodiversidade, que recomenda primeiro procurar evitar danos à biodiversidade, reduzindo ou minimizando-os quando não for possível e recorrendo a compensações e restauração como último recurso para lidar com impactos adversos que não podem ser evitados.

81. Os impactos ambientais adversos, particularmente no contexto da biodiversidade e da degradação da terra, do mar e da água doce, podem estar relacionados com a governação responsável da posse da terra, das florestas e da pesca. Conforme observado nas Diretrizes Voluntárias sobre a Governação Responsável da Posse de Terras, dos Recursos Pesqueiros e Florestais no contexto da Segurança Alimentar Nacional (DVGT), a governação responsável da posse de terras, das florestas e da pesca pode desempenhar um papel no apoio ao uso sustentável do ambiente. Nesse contexto, as DVGT procuram investimentos que não causem dano e protejam contra a expropriação dos legítimos titulares de direitos de posse e contra danos ambientais.

82. As *Diretrizes* incentivam igualmente as empresas a trabalharem para elevar o nível de desempenho ambiental em todas as partes das suas operações, mesmo que isso não seja formalmente exigido pelas práticas existentes nos países onde operam. A esse respeito, as empresas devem considerar os efeitos sociais e económicos das suas operações nos países em desenvolvimento.

83. Por exemplo, as empresas multinacionais têm frequentemente acesso a tecnologias ou procedimentos operacionais existentes e inovadoras que poderiam, caso aplicados, ajudar a aumentar o

desempenho ambiental geral. As empresas multinacionais geralmente são consideradas líderes nas suas respetivas áreas, de modo que o seu potencial para um "efeito de demonstração" perante outras empresas não deve ser ignorado. Garantir que o ambiente dos países onde as empresas multinacionais operam também beneficie das tecnologias e práticas disponíveis e inovadoras é uma forma importante de reforçar o apoio às atividades de investimento internacional de uma forma geral.

84. As empresas têm um papel importante na formação e educação dos seus trabalhadores e outras partes interessadas em matéria de gestão ambiental. Estas são incentivadas a assumir essa responsabilidade da forma mais ampla possível, especialmente em áreas diretamente relacionadas com a saúde e segurança humanas. As empresas também devem comunicar as suas políticas, requisitos e normas ambientais de forma clara e acessível no contexto das suas relações comerciais.

85. As empresas devem respeitar as normas de bem-estar animal que estão alinhados com o Código Sanitário para Animais Terrestres da Organização Mundial para a Saúde Animal (WOAH). Um animal tem um bom nível de bem-estar se estiver saudável, confortável, bem nutrido, seguro, se não sofrer de estados desagradáveis como dor, medo e angústia e for capaz de expressar comportamentos importantes para o seu estado físico e mental. Um bom nível de bem-estar animal exige a prevenção de doenças e cuidados veterinários apropriados, abrigo, gestão e nutrição, um ambiente estimulante e seguro, gestão humanitária e abate ou morte humanitários. Além disso, as empresas devem aderir às orientações para o transporte de animais vivos elaboradas pelas organizações internacionais relevantes.

VII. Combate ao Suborno e a Outras Formas de Corrupção

Impactos adversos em questões abrangidas pelas *Diretrizes* muitas vezes são viabilizados através de corrupção. Como tal, a aplicação por parte das empresas de medidas de combate à corrupção é uma importante contribuição para evitar outros impactos adversos abrangidos pelas *Diretrizes*. As empresas não se devem envolver em nenhum ato de suborno ou outras formas de corrupção.

Especificamente, as empresas devem:

1. Não se envolver em qualquer ato de corrupção, incluindo a oferta, promessa ou concessão de qualquer vantagem pecuniária ou outra vantagem indevida a funcionários públicos ou empregados de pessoas ou entidades com as quais a empresa tenha uma relação comercial ou aos seus parentes ou associados. Do mesmo modo, as empresas não devem solicitar, concordar ou aceitar qualquer vantagem pecuniária indevida ou outra vantagem por parte de funcionários públicos ou empregados de pessoas ou entidades com as quais a empresa tenha uma relação comercial. As empresas não devem recorrer a terceiros ou outros intermediários, incluindo, entre outros, agentes, consultores, representantes, distribuidores, consórcios, empresas subcontratadas, fornecedores e parceiros de joint venture, para canalizar vantagens pecuniárias ou outras vantagens indevidas para funcionários públicos, ou para empregados de pessoas ou entidades com as quais a empresa mantenha uma relação comercial ou para os seus parentes ou associados comerciais.
2. Desenvolver e adotar controlos internos adequados, programas de ética e conformidade ou medidas adequadas de prevenção, deteção e combate a subornos e outras formas de corrupção, com base numa avaliação de risco que aborde as circunstâncias individuais da empresa, em especial os seus fatores de risco de suborno e outras formas de corrupção (incluindo, entre outros, o seu setor geográfico e industrial de operação, outras questões de conduta empresarial responsável, ambiente regulatório, tipo de relações comerciais, transações com governos estrangeiros e uso de terceiros). Tais programas ou medidas de controlos internos, ética e conformidade devem incluir um sistema de procedimentos financeiros e contabilísticos, incluindo um sistema de controlos interno razoavelmente projetado para garantir a manutenção de contabilidade organizada, registos de conflito de interesses, contas e registos justos e precisos, a fim de assegurar que não sejam usados com a finalidade de suborno ou ocultação de suborno ou outros atos de corrupção. Estas circunstâncias e riscos individuais deverão ser regularmente monitorizados e reavaliados, conforme necessário, para determinar a alocação de recursos de conformidade e para garantir que os programas ou medidas de controlo interno, ética e conformidade da empresa sejam adaptados e continuem a ser eficazes, e para mitigar o risco da empresa se envolver em suborno ou outras formas de corrupção. Estes programas ou medidas de controlo interno, ética e conformidade para prevenir e detetar todas as formas de corrupção também devem incluir a realização de devida diligência com base no risco, conforme descrito no Capítulo II.
3. Proibir ou desencorajar, nos controlos internos das empresas, nos programas ou medidas de ética e conformidade, o uso de pequenos pagamentos de facilitação que são, em geral, ilegais nos

países onde são efetuados e, quando tais pagamentos forem feitos, registá-los de modo exato nos registos contabilísticos.

4. Assegurar, considerando os riscos específicos de suborno e outras formas de corrupção, a devida diligência devidamente documentada relativa à contratação, bem como a supervisão apropriada e regular dos agentes, e que a remuneração dos agentes seja adequada e apenas para serviços legítimos. Caso seja pertinente, uma lista atualizada dos agentes envolvidos em transações com órgãos públicos e empresas detidas pelo estado deverá ser mantida e disponibilizada às autoridades competentes, em consonância com as exigências de divulgação pública aplicáveis. As empresas devem adotar medidas para garantir que os seus agentes evitem exercer influência ilícita e cumpram as normas profissionais nas suas relações com funcionários públicos.
5. Aumentar a transparência das suas atividades de combate ao suborno e outras formas de corrupção e fomentar uma cultura de integridade. As medidas podem incluir *i)* apoio e compromisso fortes, explícitos e visíveis do conselho de administração ou corpo diretivo equivalente e dos quadros superiores aos programas de controlo interno, ética e conformidade da empresa; *ii)* uma política empresarial claramente articulada e visível proibindo o suborno e outras formas de corrupção, facilmente acessível a todos os trabalhadores e terceiros relevantes, incluindo, entre outros, subsidiárias, agentes e outros intermediários estrangeiros; e *iii)* divulgação dos sistemas de gestão e dos programas ou medidas de controlos internos, ética e conformidade adotados pela empresa para honrar esses compromissos. As empresas deverão igualmente promover a abertura e o diálogo com o público, a fim de promover a sensibilização e cooperação no combate ao suborno e outras formas de corrupção. As empresas são incentivadas a divulgar, sem prejuízo das leis e exigências nacionais, qualquer má conduta relacionada com o suborno e outras formas de corrupção, bem como as medidas adotadas para lidar com casos de suspeita de suborno e outras formas de corrupção. Estas medidas podem incluir, sem se limitarem a processos para identificar, investigar e reportar a má conduta e colaborar genuína e proactivamente com as autoridades policiais.
6. Promover a sensibilização e o cumprimento das políticas empresariais e dos programas de controlos internos, ética e conformidade ou medidas contra o suborno e outras formas de corrupção, entre os trabalhadores e pessoas ou entidades vinculadas por uma relação comercial, através da divulgação adequada de tais políticas, programas ou medidas e através de programas de formação e procedimentos disciplinares que levem em consideração as barreiras linguísticas, culturais e tecnológicas aplicáveis.
7. Não fazer contribuições ilegais para candidatos a cargos públicos ou para partidos políticos ou outras organizações ligadas a partidos políticos ou candidatos políticos. As contribuições políticas devem cumprir integralmente as leis nacionais, incluindo os requisitos de divulgação pública, e devem exigir a aprovação dos quadros superiores. Isso inclui não obrigar os trabalhadores a apoiar um candidato político ou uma organização política.

Comentários ao Capítulo VII: Combate ao Suborno e a Outras Formas de Corrupção

86. Os termos suborno e outras formas de corrupção devem ser interpretados de forma consistente com os instrumentos abaixo. A corrupção inclui o suborno de funcionários públicos ou empregados de pessoas ou entidades vinculadas por relações comerciais. Também pode abranger o comércio de influência, o peculato e o uso indevido de patrocínios e doações de caridade. Por exemplo, as empresas não devem, direta ou indiretamente, oferecer, prometer, dar ou exigir suborno ou outra vantagem indevida para obter ou manter negócios ou outra vantagem imprópria. As empresas também devem resistir à solicitação de subornos e extorsão. Embora um conflito de interesses não constitua um ato de corrupção *ipso facto*, há um crescente reconhecimento de que conflitos entre interesses privados e deveres públicos

de funcionários públicos, se geridos de forma inadequada, podem resultar em corrupção. A *Convenção sobre o Combate à Corrupção de Funcionários Públicos Estrangeiros em Transações Comerciais Internacionais [OCDE/LEGAL/0293]* (a *Convenção Anti-suborno da OCDE*) entrou em vigor a 15 de fevereiro de 1999. A *Convenção Anti-suborno da OCDE*, juntamente com a *Recomendação do Conselho para o Combate à Corrupção de Funcionários Públicos Estrangeiros em Transações Comerciais Internacionais [OCDE/LEGAL/0378]* (a *Recomendação Anti-suborno*), a *Recomendação do Conselho sobre Medidas Tributárias para Combater a Corrupção de Funcionários Públicos Estrangeiros em Transações Comerciais Internacionais [OECD/LEGAL/0371]*, a *Recomendação do Conselho sobre Corrupção e Créditos Oficiais de Exportação [OECD/LEGAL/0447]* e a *Recomendação do Conselho de Atores da Cooperação para o desenvolvimento sobre a Gestão do Risco de Corrupção [OECD/LEGAL/0431]*, são os principais instrumentos da OCDE que abordam o lado da oferta da transação de suborno. Coletivamente, estes instrumentos visam eliminar a "oferta" de subornos a funcionários públicos estrangeiros, com cada país assumindo a sua responsabilidade pelas atividades das suas empresas e o que acontece dentro da sua própria jurisdição.[2] Um programa de monitorização rigoroso e sistemático por parte dos países da implementação da *Convenção Anti-suborno da OCDE* e instrumentos relacionados foi criado para promover a plena aplicação destes instrumentos. Outros atos de corrupção e riscos à integridade também são abordados na *Recomendação sobre Integridade Pública [OECD/LEGAL/0435]*; na *Recomendação sobre Princípios de Transparência e Integridade no Lobbying [OECD/LEGAL/0379]*; na *Recomendação sobre as Diretrizes da OCDE para a Gestão de Conflitos de Interesses no Setor Público [OECD/LEGAL/0316]* e na *Recomendação sobre as Diretrizes de Combate à Corrupção e Integridade em Empresas Detidas pelo estado [OECD/LEGAL/0451]*.

87. A corrupção é prejudicial para as instituições democráticas e para a governação das empresas. Ela desestimula o investimento e distorce as condições concorrenciais a nível internacional. Além do impacto económico, a corrupção pode ter efeitos nocivos, incluindo, entre outros, a redução da estabilidade global, a falta de aplicação de normas ambientais e direitos laborais, ou o fornecimento de bens abaixo do padrão. De modo específico, o desvio de recursos através de práticas corruptas prejudica as tentativas dos cidadãos de alcançar níveis mais elevados de bem-estar económico, social e ambiental. A corrupção afeta desproporcionalmente aqueles que pertencem a grupos ou populações marginalizadas ou vulneráveis e pode exacerbar as desigualdades de género. As empresas têm um papel importante no combate a essas práticas, levando em consideração formas sobrepostas de discriminação estrutural relacionadas com a etnia, raça, sexo e orientação sexual, entre outros fatores, ao estabelecer programas de controlo, ética e conformidade.

88. A propriedade, a integridade e a transparência nos domínios público e privado são conceitos-chave no combate ao suborno e a outras formas de corrupção. A comunidade empresarial, as organizações não governamentais, os governos e as organizações intergovernamentais devem cooperar

[2] Na *Convenção Anti-suborno da OCDE*, o crime de suborno estrangeiro é definido como "...oferta, promessa ou entrega] de qualquer vantagem pecuniária ou outra vantagem indevida, seja diretamente ou por intermediários, a um funcionário público estrangeiro, em benefício desse funcionário ou de um terceiro, de modo a que o funcionário atue ou se abstenha de atuar em relação ao desempenho de funções oficiais, para obter ou manter negócios ou outras vantagens indevidas na condução de negócios internacionais". Os comentários à *Convenção Anti-suborno da OCDE* (parágrafo 9) esclarecem que "pequenos pagamentos de 'facilitação' não constituem pagamentos efetuados 'para obter ou manter negócios ou outras vantagens impróprias' na aceção do parágrafo 1 e, por conseguinte, também não constituem infrações. Estes pagamentos que são feitos em alguns países para induzir funcionários públicos a desempenhar as suas funções, tais como a emissão de licenças ou alvarás, são geralmente ilegais no país estrangeiro em questão. Outros países podem e devem enfrentar este fenómeno negativo através de diversas iniciativas, tais como o apoio a programas de boa governação. A *Recomendação Anti-suborno* (Seção XIV.i) recomenda que os governos "se comprometam a rever periodicamente as suas políticas e abordagens sobre pequenos pagamentos de facilitação para combater efetivamente o fenómeno".

para reforçar o apoio público às medidas anticorrupção e aumentar a transparência e a sensibilização do público sobre os problemas da corrupção e do suborno. A adoção de práticas apropriadas de governação empresarial é também um elemento essencial para promover uma cultura de ética nas empresas.

89. A *Recomendação Antissuborno* recomenda, especificamente, que os governos incentivem as suas empresas a desenvolverem e adotarem programas ou medidas de controlos internos, ética e conformidade adequadas com o objetivo de prevenir e detetar subornos estrangeiros, considerando o *Guia de Boas Práticas sobre Controlos Internos, Ética e Conformidade*, constante no Anexo II da *Recomendação Anti-suborno*. Este *Guia de Boas Práticas* destina-se às empresas, incluindo as empresas detidas pelo estado, bem como às organizações empresariais e às associações profissionais, e destaca as boas práticas para garantir a eficácia dos seus programas ou medidas de controlo interno, ética e conformidade para prevenir e detetar subornos estrangeiros, incluindo proteções para a denúncia de pessoas. É flexível e destina-se a ser adaptado pelas empresas, em particular as pequenas e médias empresas, de acordo com as suas circunstâncias individuais, incluindo a sua dimensão, tipologia, estrutura jurídica, região geográfica e setor de atividade, bem como os princípios legais e outros princípios jurídicos básicos sob os quais operam. Além disso, para efeitos destas *Diretrizes,* os programas ou medidas de controlos internos, ética e conformidade relacionados à corrupção também devem incluir a realização de devida diligência baseada no risco, de acordo com as recomendações constantes no Capítulo II.

90. A ação coletiva e o envolvimento significativo com organizações da sociedade civil locais e internacionais, empresas, associações profissionais e organizações internacionais também podem auxiliar as empresas a elaborarem e implementarem políticas empresariais de combate à corrupção eficazes e mitigarem os riscos de corrupção que uma empresa é incapaz de mitigar individualmente.

91. A Convenção das Nações Unidas contra a Corrupção (UNCAC), que entrou em vigor a 14 de dezembro de 2005, estabelece uma ampla gama de normas, medidas e regras para combater a corrupção. De acordo com a UNCAC, os Estados Partes são obrigados a proibir os seus trabalhadores de receber subornos e suas empresas de subornar funcionários públicos nacionais, bem como funcionários públicos estrangeiros e funcionários de organizações públicas internacionais, e a considerar proibir o suborno entre entes privados. A UNCAC e a *Convenção Anti-suborno da OCDE* apoiam-se e complementam-se mutuamente.

92. Para abordar o lado da procura do suborno, as boas práticas de governação são elementos importantes para impedir que as empresas sejam solicitadas a pagá-lo. Os governos dos locais onde as empresas estão localizadas e os governos anfitriões devem apoiar as empresas que recebem solicitação de suborno ou outras formas de corrupção, aumentar a sensibilização e fornecer formação aos funcionários públicos relevantes, considerar a promoção de iniciativas de ação coletiva com representantes dos setores público e privado, bem como organizações da sociedade civil e, onde apropriado, empreender ações coordenadas para combater a solicitação e aceitação de subornos. O *Guia de Boas Práticas sobre Artigos Específicos da Convenção,* constante no Anexo II da *Recomendação Anti-suborno,* afirma que a *Convenção Anti-suborno da OCDE* deve ser aplicada de modo a não constituir uma defesa ou isenção quando o funcionário público estrangeiro solicitar um suborno. Além disso, a UNCAC exige a criminalização da solicitação de suborno por funcionários públicos nacionais.

VIII. Interesses do Consumidor

Ao lidar com os consumidores, as empresas devem agir de acordo com práticas comerciais, de marketing e de publicidade leais e todas as medidas razoáveis para garantir a qualidade e a confiabilidade dos bens e serviços que fornecem. De modo específico, devem:

1. Garantir que os bens e serviços fornecidos por elas cumprem todos as normas acordadas ou legalmente exigidas em relação à saúde e segurança dos consumidores, incluindo as normas relativas a advertências de saúde e informações de segurança, e não representam um risco irrazoável à saúde ou segurança dos consumidores durante sua utilização previsível ou utilização imprópria ou indevida previsível.
2. Fornecer informações corretas, verificáveis e claras que sejam suficientes para que os consumidores possam tomar decisões conscientes e fundamentadas, incluindo informações sobre preços e, caso necessário, conteúdo, utilização segura, características ambientais, manutenção, armazenamento, descarte de bens e serviços e divulgação de informações relativas a comércio eletrónico, como questões de privacidade e informações sobre resolução de disputas e opções de reparação disponíveis. As informações devem ser apresentadas de forma compreensível e de fácil acesso, utilizando linguagem simples, respeitando também as necessidades de acessibilidade de consumidores com deficiência. Sempre que possível, estas informações devem ser fornecidas de forma a permitir que os consumidores comparem produtos.
3. Proporcionar aos consumidores acesso a mecanismos extrajudiciais de resolução de disputas e reparação que sejam justos, de fácil utilização, atempados e eficazes, sem custo ou encargos desnecessários.
4. Não fazer declarações ou omissões, nem se envolver em quaisquer outras práticas que sejam falsas, enganosas, fraudulentas, injustas ou que de outra forma subvertam a escolha dos consumidores de maneira que os prejudique ou à concorrência.
5. Apoiar os esforços para promover a educação dos consumidores em áreas relacionadas com as suas atividades empresariais, com o objetivo de melhorar a capacidade dos consumidores para: *i)* tomar decisões conscientes e fundamentadas que envolvam bens, serviços e mercados complexos, *ii)* compreender melhor o impacto económico, ambiental e social das suas decisões e *iii)* apoiar o consumo sustentável.
6. Proteger a privacidade dos consumidores garantindo que as práticas empresariais relativas à recolha e uso de dados dos consumidores sejam lícitas, transparentes e justas, permitindo a participação e escolha dos consumidores e tomando todas as medidas razoáveis para garantir a segurança dos dados pessoais que recolham, armazenam, processam ou divulgam.
7. Cooperar plenamente com as autoridades públicas a fim de prevenir e combater práticas de marketing abusivas ou enganosas (incluindo publicidade enganosa e fraude comercial) e reduzir ou prevenir ameaças graves à saúde e segurança públicas ou ao ambiente decorrentes do consumo, utilização ou descarte dos seus produtos e serviços.
8. Na aplicação dos princípios mencionados acima, considerar *i)* as necessidades dos consumidores, especialmente aqueles que podem estar em situação de vulnerabilidade ou desvantagem, e *ii)* os desafios específicos que o comércio eletrónico pode representar para os consumidores.

Comentários ao Capítulo VIII: Interesses do consumidor

93. O capítulo sobre os interesses do consumidor incluído nas *Diretrizes* baseia-se no trabalho do Comité de Política do Consumidor da OCDE e do Comité de Mercados Financeiros, nas normas relevantes da OCDE na área de proteção do consumidor, bem como no trabalho de outras organizações, incluindo a Câmara de Comércio Internacional, a Organização Internacional para a Normalização e as Nações Unidas, incluindo o Programa das Nações Unidas para o Ambiente (isto é, as Diretrizes da ONU sobre Política de Proteção do Consumidor) e instrumentos relevantes, incluindo o Código de Comunicações de Publicidade e Marketing para publicidade global e marketing responsável, da Câmara Internacional de Comércio.

94. O capítulo reconhece que a satisfação dos consumidores e os interesses relacionados constituem uma base fundamental para o bom funcionamento das empresas. Reconhece também que os mercados consumidores de bens e serviços passaram por grandes transformações ao longo do tempo. A reforma regulatória, os mercados globais mais abertos, o desenvolvimento de novas tecnologias que transformaram os serviços digitais e financeiros e o crescimento dos serviços prestados aos consumidores têm gerado mudanças fundamentais, proporcionando aos consumidores mais opções e outros benefícios decorrentes de uma concorrência mais aberta. Simultaneamente, o ritmo de mudanças e a maior complexidade de muitos mercados tornam mais difícil a comparação e avaliação de bens e serviços pelos consumidores. Além disso, o perfil dos consumidores também evoluiu ao longo do tempo. As crianças estão a tornar-se cada vez mais importantes no mercado, assim como o número crescente de idosos. Embora os consumidores sejam mais instruídos em geral, muitos ainda não possuem capacidades aritméticas e de alfabetização necessárias no mercado atual, que é mais complexo e movido por um fluxo intenso de informações. Além disso, muitos consumidores estão cada vez mais interessados em conhecer a posição e as atividades das empresas em relação a uma ampla gama de questões económicas, sociais e ambientais, e levam esses fatores em consideração ao escolherem bens e serviços.

95. O preâmbulo orienta as empresas a aplicarem práticas comerciais, de marketing e de publicidade leais e garantirem a qualidade e a confiabilidade dos produtos que fornecem. Esses princípios, observa-se, aplicam-se tanto a bens quanto a serviços.

96. O parágrafo 1 enfatiza a importância de as empresas respeitarem as normas de saúde e segurança exigidas e a importância de fornecerem aos consumidores informações adequadas referentes à saúde e segurança dos seus produtos.

97. O parágrafo 2 dispõe sobre a divulgação de informações. Este indica que as empresas forneçam informações suficientes para que os consumidores tomem decisões conscientes e fundamentadas. Os meios de disponibilização das informações no espaço em linha deverão ser ajustados e adaptados aos meios de acesso dos consumidores. Isso inclui informações sobre os riscos financeiros associados aos produtos, conforme o caso. Além disso, em alguns casos as empresas são legalmente obrigadas a fornecer informações que permitam que os consumidores comparem bens e serviços diretamente (por exemplo, preços unitários). Na ausência de legislação direta, as empresas são incentivadas a apresentar informações aos consumidores que facilitem comparações de bens e serviços e que permitam que os consumidores determinem facilmente qual será o custo total de um produto. Deve-se observar que o que é considerado "suficiente" pode mudar ao longo do tempo e que as empresas devem responder a essas mudanças. Quaisquer alegações sobre produtos e ambiente ou alegações sociais que as empresas façam devem ser baseadas em evidências adequadas e, conforme o caso, testes e verificações adequadas. As alegações podem aplicar-se tanto à forma como um produto ou serviço foi produzido quanto aos atributos do próprio produto ou serviço. Considerando o crescente interesse dos consumidores pelas questões ambientais e sociais e pelo consumo sustentável, devem ser fornecidas informações sobre as características ambientais ou sociais dos produtos e serviços, conforme o caso. Isso poderá incluir informações sobre a eficiência energética e o grau de reciclabilidade, durabilidade e reparabilidade dos produtos, os atributos de sustentabilidade de produtos e serviços financeiros ou, por exemplo, no caso de produtos alimentícios, informações sobre práticas agrícolas ou valores nutricionais.

98. A conduta empresarial é cada vez mais considerada pelos consumidores ao tomarem as suas decisões de compra. Por conseguinte, as empresas são incentivadas a disponibilizar informações sobre as iniciativas que tomaram para integrar as preocupações sociais e ambientais nas suas operações comerciais e apoiar o consumo sustentável. O capítulo III das *Diretrizes* sobre Divulgação de Informações é relevante a esse respeito. As empresas são, portanto, incentivadas a comunicar ao público declarações de valor ou declarações de conduta empresarial, incluindo informações sobre as políticas sociais, éticas e ambientais da empresa e outros códigos de conduta adotados pela empresa. As empresas são incentivadas a disponibilizar essas informações em linguagem simples e a garantir a precisão de qualquer alegação relativa ao desempenho ambiental ou social. O aumento do número de empresas que disponibilizam informações sobre essas questões aos consumidores seria positivo.

99. O parágrafo 3 reflete a linguagem utilizada na *Recomendação sobre Resolução de Disputas e Ressarcimento dos Consumidores [OECD/LEGAL/0356]*. A Recomendação estabelece uma estrutura para o desenvolvimento de abordagens eficazes para lidar com as reclamações dos consumidores, incluindo diversas medidas que as empresas podem adotar a esse respeito. Observa-se que os mecanismos que muitas empresas estabeleceram para resolver disputas relacionadas com os consumos ajudaram a aumentar a confiança e a satisfação dos consumidores. Estes mecanismos podem fornecer soluções mais viáveis para as reclamações do que ações judiciais, que podem ser dispendiosas, complicadas e demoradas para todas as partes envolvidas. No entanto, para que estes mecanismos extrajudiciais sejam efetivos, os consumidores precisam de estar cientes da sua existência e receber orientações sobre como registar reclamações, especialmente quando as reclamações envolvem transações transfronteiriças ou multidimensionais.

100. O parágrafo 4 diz respeito às práticas comerciais falsas, enganosas, fraudulentas e outras práticas comerciais desleais. Estas práticas podem distorcer os mercados, prejudicando tanto os consumidores quanto as empresas responsáveis, e devem ser evitadas.

101. O parágrafo 5 refere-se à educação dos consumidores, que assumiu maior importância com a crescente complexidade de muitos mercados e produtos. Os governos, as organizações de consumidores e muitas empresas reconhecem que esta é uma responsabilidade conjunta e que podem desempenhar um papel importante nesse sentido. As dificuldades que os consumidores têm enfrentado na avaliação de produtos complexos em áreas financeiras e outras reforçam a importância de as partes interessadas trabalharem em conjunto para promover a literacia com o objetivo de melhorar o processo de tomada de decisão dos consumidores.

102. O parágrafo 6 diz respeito a dados pessoais. A crescente recolha e utilização de dados pessoais pelas empresas pode representar grandes riscos para a privacidade e bem-estar dos consumidores. A proteção dos dados pessoais dos consumidores, incluindo a segurança dos dados, é, portanto, de grande importância.

103. O parágrafo 7 destaca a importância de as empresas trabalharem com as autoridades públicas para ajudar a prevenir e combater de forma mais eficaz as práticas de marketing enganoso. A cooperação é igualmente necessária para diminuir ou prevenir riscos à saúde e segurança públicas e ao ambiente. Tal inclui riscos associados ao descarte de mercadorias, bem como seu consumo e uso. Isso reflete o reconhecimento da importância de considerar e gerir os riscos à segurança que os produtos representam ao longo de sua vida útil, principalmente nas fases de projeto, fabrico, distribuição, utilização e descarte.

104. O parágrafo 8 orienta as empresas para que considerem as situações de consumidores vulneráveis e desfavorecidos ao comercializarem bens e serviços. Consumidores desfavorecidos ou vulneráveis referem-se a determinados consumidores ou categorias de consumidores, que, devido a características ou circunstâncias pessoais (como idade, capacidade mental ou física, educação, rendimento, idioma ou localização remota), podem enfrentar dificuldades específicas para atuarem no ambiente atual de mercados globalizados e fluxo intenso de informações. O parágrafo também destaca a importância crescente dos dispositivos móveis e outras formas de comércio eletrónico nos mercados

globais. Os benefícios proporcionados por esse tipo de comércio são significativos e crescentes. Mas também há riscos de danos aos consumidores. Os governos têm dedicado um tempo considerável examinando formas de garantir que os consumidores recebam uma proteção transparente e eficaz, que não seja menor no caso do comércio eletrónico do que o nível de proteção proporcionado nas formas mais tradicionais de comércio. Portanto, é importante que as empresas adotem medidas para reduzir os riscos do comércio eletrónico para que o nível de proteção não seja inferior ao fornecido nas formas mais tradicionais de comércio.

IX. Ciência, Tecnologia e Inovação

A pesquisa científica e a inovação tecnológica têm impulsionado a produtividade em todos os setores, bem como a capacidade das empresas de realizar devida diligência e contribuir para o desenvolvimento sustentável. As empresas devem, conforme o caso, contribuir para o desenvolvimento da capacidade de inovação local e nacional. No contexto do desenvolvimento, financiamento, venda, licenciamento, comércio e uso de tecnologia, incluindo a recolha e a utilização de dados, bem como a pesquisa científica e a inovação, as empresas devem observar as *Diretrizes* e cumprir as leis e exigências nacionais aplicáveis, incluindo requisitos de privacidade e proteção de dados e regulamentos relativos ao controlo de exportações. Especificamente, as empresas devem:

1. Realizar devida diligência baseada no risco, conforme descrito no Capítulo II, relativamente aos impactos adversos reais e potenciais relacionados com a ciência, tecnologia e inovação.
2. Adotar, sempre que possível, no curso de suas atividades comerciais, práticas que permitam a transferência voluntária, segura, e eficiente de tecnologia e conhecimento em termos mutuamente acordados, bem como o aumento do acesso e a partilha de dados para promover a descoberta científica e inovações com a devida atenção à proteção dos direitos de propriedade intelectual, obrigações de confidencialidade, privacidade, proteção de dados pessoais, controlos de exportação e princípios de não discriminação.
3. Sempre que possível, realizar trabalhos de desenvolvimento científico e tecnológico nos países anfitriões para atender às necessidades do mercado local, bem como empregar pessoal do país anfitrião em atividades de desenvolvimento científico e tecnológico e incentivar e apoiar a sua formação, considerando a sua integridade, segurança e necessidades comerciais.
4. Ao conceder licenças para o uso de direitos de propriedade intelectual ou ao transferir tecnologia voluntariamente, fazê-lo em termos e condições mutuamente acordados, com salvaguardas adequadas para prevenir e mitigar impactos adversos e de forma que contribua para as perspetivas de desenvolvimento sustentável de longo prazo do país anfitrião e respeite os regulamentos de controlo de exportação.
5. Caso seja relevante para os seus objetivos comerciais, desenvolver vínculos com instituições locais de ensino superior, instituições públicas de pesquisa e participar em projetos de pesquisa em cooperação com a indústria local ou associações industriais, incluindo pequenas e médias empresas e organizações da sociedade civil. Tal cooperação deve ter em consideração a gestão eficaz do risco, considerações éticas, preocupações de segurança nacional, a legislação aplicável e considerações das partes interessadas. Deve também reconhecer o valor da ciência aberta e respeitar as salvaguardas para a preservação da liberdade acadêmica, bem como a pesquisa e a autonomia científica.
6. Na recolha, partilha e utilização de dados, aumentar a transparência dos acordos de acesso e partilha de dados e incentivar a adoção, ao longo do ciclo de valor dos dados, de práticas responsáveis de governação de dados que atendam às normas e obrigações aplicáveis, amplamente reconhecidos ou aceites entre os países signatários às *Diretrizes*, incluindo códigos de conduta, princípios éticos, normas relativas à manipulação e coação de consumidores e normas de privacidade e proteção de dados.

7. As empresas devem apoiar, conforme as suas circunstâncias, esforços cooperativos nos fóruns apropriados para promover uma Internet aberta, gratuita, global, interoperável, confiável, acessível, de baixo custo, segura e resiliente, inclusive através do respeito à liberdade de expressão e de reunião e associação pacífica em linha, e coerentes com as questões abordadas pelas *Diretrizes*.

Comentários sobre o Capítulo IX: Ciência, Tecnologia e Inovação

105. O desenvolvimento, licenciamento, venda, comércio e utilização de tecnologia têm um impacto profundo nas questões abrangidas pelas *Diretrizes*, incluindo o desenvolvimento sustentável, os direitos humanos, a participação económica, a qualidade da democracia, a coesão social, as alterações climáticas, os negócios e o ambiente de trabalho globais e a dinâmica do mercado. A pesquisa científica e a inovação tecnológica vêm aumentando a produtividade em todos os setores, bem como a capacidade das empresas de realizar devida diligência e contribuir para o desenvolvimento sustentável, mas também podem estar associadas a desafios e impactos adversos.

106. Dada a constante evolução deste tópico e o facto de que ele aborda muitas questões, o âmbito deste capítulo deve ser amplo e inclusivo para garantir a sua relevância contínua em relação aos riscos associados aos futuros avanços da ciência, tecnologia e inovação.

107. Numa economia globalizada e baseada no conhecimento, a capacidade de aceder e utilizar tecnologia, dados e conhecimento é essencial para melhorar o desempenho das empresas. Esse acesso é igualmente importante para concretizar os efeitos do progresso tecnológico em toda a economia, incluindo o crescimento da produtividade e a criação de empregos, no contexto do desenvolvimento sustentável.[3] As empresas multinacionais são um importante canal de transferência de tecnologia além-fronteiras. Elas podem contribuir para a capacidade inovadora nacional dos seus países anfitriões, gerando, difundindo e até mesmo viabilizando a utilização de novas tecnologias pelas empresas e instituições nacionais. As atividades de pesquisa e desenvolvimento das empresas multinacionais e os investimentos em novas tecnologias, quando interligados de modo adequado ao sistema nacional de inovação, podem contribuir para o avanço económico e social dos seus países anfitriões. Por sua vez, o desenvolvimento de um sistema dinâmico de inovação no país anfitrião amplia as oportunidades comerciais para as empresas multinacionais.

108. Desta forma, o capítulo visa promover a disseminação, pelas empresas multinacionais, dos resultados das atividades de pesquisa e desenvolvimento nos países onde operam, contribuindo assim para a capacitação em inovação dos países anfitriões, dentro dos limites impostos pela viabilidade económica e as questões concorrenciais e de acordo com as obrigações de privacidade, proteção de dados, segurança, proteção de propriedade intelectual e confidencialidade. Neste sentido, a promoção da difusão tecnológica pode incluir a comercialização de produtos e serviços que incorporam novas tecnologias, o licenciamento de inovações de processos, a contratação e formação de pessoal da área da ciência e tecnologia e o desenvolvimento de projetos de cooperação nas áreas de pesquisa e desenvolvimento. Ao vender ou licenciar tecnologias, não só os termos e as condições negociadas devem ser mutuamente acordadas, mas as empresas multinacionais devem considerar os impactos das tecnologias no desenvolvimento e no ambiente e os impactos sociais de longo prazo. Ao realizar suas atividades, as empresas multinacionais podem estabelecer e melhorar a capacidade de inovação das suas subsidiárias e empresas subcontratadas internacionais e outras entidades com as quais mantêm relações

---

[3] O parágrafo 7 não prejudica as posições adotadas pelos governos na área do comércio eletrónico na Organização Mundial do Comércio (OMC). Não se pretende desconsiderar outros interesses de política pública importantes que possam estar relacionados com o uso da Internet e que devam ser tidos em consideração. A este respeito, alguns países referem-se à Agenda de Tunes de 2005 para a Sociedade da Informação.

comerciais. Além disso, as empresas multinacionais podem chamar a atenção para a importância da infraestrutura científica e tecnológica local, tanto física quanto institucional. Neste sentido, as empresas multinacionais podem contribuir de forma útil para a formulação de estruturas políticas que propiciam o desenvolvimento de sistemas dinâmicos de inovação pelos governos dos países anfitriões.

109. A ciência é entendida aqui como incluindo, entre outros aspetos, investigação e exploração. A tecnologia é entendida aqui como incluindo tecnologia digital, tecnologia não digital e serviços digitais, bem como os ecossistemas digitais que facilitam o seu desenvolvimento e utilização. A inovação é entendida aqui como o processo de desenvolvimento de um produto, serviço ou processo novo ou aprimorado, com a intenção de disponibilizá-lo a potenciais utilizadores ou colocá-lo em uso pela empresa.

110. Os dados são entendidos aqui, assim como nas recomendações relevantes da OCDE, como informações gravadas em formatos estruturados ou não estruturados, incluindo texto, imagens, som e vídeo. A inovação orientada por dados e a ciência que faz uso intensivo de dados são promissoras para fazer face aos grandes desafios que a sociedade enfrenta. Iniciativas de ciência aberta e o acesso a dados têm produzido efeitos abrangentes na reprodutibilidade dos resultados científicos, na difusão do conhecimento em toda a sociedade, na cooperação interdisciplinar, no aproveitamento eficiente de recursos, na produtividade e na competitividade. Os fluxos transfronteiriços de dados são essenciais para apoiar o comércio internacional, a troca de informações e o conhecimento para reduzir as desigualdades digitais e promover o desenvolvimento sustentável. O parágrafo 2 reforça esses benefícios, mas também reconhece os riscos do roubo de dados, bem como a partilha e uso irresponsável de dados, que podem prejudicar a privacidade dos indivíduos e representar riscos potenciais à segurança nacional. As empresas que atuam no ecossistema de dados, incluindo detentores de dados, produtores de dados e intermediários de dados, conforme definição contida na *Recomendação sobre a Melhoria do Acesso e Compartilhamento de Dados [OECD/LEGAL/0463]*, são incentivadas a considerar recomendações sobre acesso, a partilha e uso responsável de dados, conforme descritas na referida Recomendação, que incentiva garantir a implementação de medidas de gestão de risco ao longo do ciclo de valor dos dados, incluindo medidas necessárias para proteger a confidencialidade, a integridade, a segurança e a disponibilidade de dados, principalmente no contexto da gestão de dados biológicos, como ADN, e na divulgação de dados para aplicação da lei e outras entidades governamentais.

111. No parágrafo 4, as expectativas em relação às empresas devem ser proporcionais para evitar termos e condições que resultam em consequências indesejadas. As empresas também se devem esforçar para identificar situações em que certos atores possam procurar beneficiar com a transferência de tecnologia para fazer mau uso da tecnologia de âmbito civil.

112. De acordo com o Capítulo II, a natureza e a extensão da devida diligência referente a impactos adversos relacionados com a ciência, tecnologia e inovação dependerão das circunstâncias de cada situação específica e incluir a priorização baseada no risco. É necessário ter também em consideração circunstâncias conhecidas ou razoavelmente previsíveis relacionadas com o uso do produto ou serviço fornecido de acordo com a finalidade a que se destina, ou sob condições de uso indevido ou uso indevido razoavelmente previsível que podem gerar impactos adversos.

113. As empresas envolvidas no desenvolvimento de novas tecnologias ou novas aplicações de ferramentas existentes devem prever, na medida do possível e, conforme o caso, abordar os desafios éticos, legais, laborais, sociais e ambientais criados por novas tecnologias, promovendo a inovação responsável e participando no diálogo e na partilha de informações com as autoridades reguladoras locais e os representantes dos trabalhadores. Além da implementação das recomendações das *Diretrizes*, e com base nelas, as empresas são incentivadas a considerar os guias disponíveis sobre o processo de inovação, incluindo as normas relevantes da OCDE na área de inteligência artificial e neurotecnologia, incluindo a *Recomendação sobre Inteligência Artificial [OECD/LEGAL/0449]* e a *Recomendação sobre Inovação Responsável em Neurotecnologia [OECD/LEGAL/0457]*.

114. A segurança digital é uma responsabilidade compartilhada por todas as partes interessadas, incluindo empresas, clientes e governos. Incidentes de segurança digital, como o acesso não autorizado a sistemas ou software, comprometimento de contas, perda ou roubo de dados ou interferência em recursos de TI, podem prejudicar empresas, governos e indivíduos ao comprometer a disponibilidade, integridade e/ou confidencialidade dos seus dados, informações sistemas e redes. As empresas devem levar a cabo a gestão de riscos de segurança digital em coerência com os outros capítulos das *Diretrizes*. Princípios de privacidade desde a conceção, uso de encriptação forte, protocolos de permissão e gestão de acessos e outras práticas recomendadas podem reduzir as ameaças e mitigar os danos. As empresas também devem ter em consideração as normas relevantes da OCDE na área de dados.

115. Em todas as atividades relativas à participação ou envolvimento de crianças e jovens no ambiente digital, as empresas devem ter em consideração, conforme apropriado, como preocupação principal o melhor interesse da criança ou do jovem e, na realização da sua devida diligência, identificar como os direitos das crianças e jovens podem ser respeitados e como o bem-estar de crianças e jovens pode ser protegido e promovido no ambiente digital, adotando as medidas apropriadas para o fazer de acordo com a *Recomendação sobre Crianças no Ambiente Digital [OECD/LEGAL/0389]* e as *Diretrizes da OCDE para Provedores de Serviços Digitais.*

X. Concorrência

As empresas devem:

1. Exercer as suas atividades de forma coerente com todas as leis e regulamentos aplicáveis em matéria da concorrência, considerando as leis relativas à concorrência de todas as jurisdições onde as atividades possam ter efeitos anticoncorrenciais.

2. Abster-se de celebrar ou realizar acordos anticoncorrenciais entre concorrentes, incluindo acordos para:

   a) fixar preços;
   b) apresentar propostas fraudulentas (conluio em licitações);
   c) estabelecer restrições ou quotas de produção; ou
   d) partilhar ou dividir mercados através da repartição de clientes, fornecedores, territórios ou estratégias comerciais.

3. Cooperar com as investigações das autoridades da concorrência, entre outras medidas e sujeitar-se à legislação aplicável e salvaguardas apropriadas, dando respostas rápidas e completas, na medida do possível, às solicitações de informação e considerando o uso de instrumentos disponíveis, tais como renúncias à confidencialidade, quando apropriado, promovendo uma cooperação eficaz e eficiente entre as autoridades de investigação.

4. Promover regularmente a sensibilização dos trabalhadores sobre a importância do cumprimento de todas as leis e regulamentos da concorrência aplicáveis e, especificamente, oferecer formação aos quadros superiores da empresa sobre questões concorrenciais.

Comentários sobre o Capítulo X: Concorrência

116. Estas recomendações destacam a importância da legislação e regulamentação concorrencial para o funcionamento eficiente do mercado nacional e internacional e reafirmam a importância do cumprimento dessas leis e regulamentos pelas empresas nacionais e multinacionais. Também se tenta garantir que todas as empresas estejam cientes da evolução da abrangência, soluções e sanções relacionadas com as leis da concorrência e as medidas de cooperação com as autoridades da concorrência. O termo lei da "concorrência" é usado para se referir a leis, incluindo as leis "antitrust" e "anti-monopólio", que proíbem de diversas formas: a) acordos anticoncorrenciais; b) abuso de poder de mercado ou de posição dominante; c) a aquisição de poder de mercado ou posição dominante por meios que não o desempenho eficiente; ou d) a redução substancial da concorrência ou a restrição significativa da concorrência efetiva através de fusões ou aquisições.

117. Em geral, as leis e políticas da concorrência proíbem: a) cartéis clássicos; b) outros acordos anticoncorrenciais; c) conduta anticoncorrencial que explore ou amplie a posição dominante ou o poder de mercado; e d) fusões e aquisições anticoncorrenciais. Nos termos da *Recomendação sobre Atuação Efetiva Contra Cartéis Clássicos [OECD/LEGAL/0452]*, os acordos anticoncorrenciais mencionados na alínea a) constituem cartéis clássicos, mas a Recomendação incorpora diferenças nas leis dos países membros, incluindo diferenças nas isenções ou disposições jurídicas que permitem excessionar ou autorizar

atividades que de outra forma poderiam ser proibidas. As recomendações das presentes *Diretrizes* não sugerem que as empresas devam renunciar aos benefícios das isenções ou disposições previstas na lei. As categorias descritas nas alíneas b) e c) são mais gerais, uma vez que os efeitos de outros tipos de acordos e de comportamentos unilaterais são mais ambíguos e existe menor consenso sobre o que deve ser considerado como anticoncorrencial.

118. O objetivo da política de concorrência é contribuir para o bem-estar geral e o crescimento económico, promovendo condições de mercado em que a natureza, a qualidade e o preço dos bens e serviços sejam determinados pelas forças concorrenciais do mercado. Além de beneficiar os consumidores e a economia de uma jurisdição como um todo, este ambiente concorrencial recompensa as empresas que respondem de forma eficiente à procura dos consumidores. As empresas podem contribuir para este processo fornecendo informações e consultoria quando os governos avaliam leis e políticas que podem reduzir a eficiência, ou de outra forma, diminuir a competitividade dos mercados.

119. As empresas devem estar cientes de que as leis da concorrência continuam a ser promulgadas e que é cada vez mais comum que essas leis proíbam atividades anticoncorrenciais que possam ocorrer além-fronteiras caso tenham um impacto prejudicial sobre os consumidores nacionais. Além disso, o comércio e os investimentos transfronteiriços aumentam a probabilidade das condutas anticoncorrenciais que ocorrem numa jurisdição tenham efeitos prejudiciais noutras jurisdições. Desta forma, as empresas devem considerar tanto a legislação do país em que operam como a legislação de todos os países que podem ser impactados pelos efeitos da sua conduta.

120. Por fim, as empresas devem reconhecer que as autoridades da concorrência estão a desenvolver uma cooperação cada vez mais profunda na investigação e combate a atividades anticoncorrenciais. Vide, de modo geral, as normas relevantes da OCDE na área de política da concorrência. Nos casos em que as autoridades da concorrência de várias jurisdições reveem uma mesma conduta, a cooperação das empresas com as autoridades promove uma tomada de decisão coerente e sólida, além de competitiva, permitindo, simultaneamente, que os governos e as empresas economizem custos.

121. Embora as empresas e as iniciativas de colaboração nas quais estão envolvidas devam adotar medidas proativas para compreender as questões das leis da concorrência nas suas jurisdições e evitar atividades que possam representar uma violação das leis da concorrência, as iniciativas de conduta empresarial responsável credíveis não estão inerentemente em conflito com os propósitos da legislação da concorrência e, normalmente, a colaboração em tais iniciativas não violará as leis da concorrência.

122. Dependendo do contexto nacional, as empresas podem estar sujeitas às leis da concorrência ao contratarem mão-de-obra de trabalhadores da mesma forma que contratam outros bens e serviços. Nestes casos, sanções severas podem ser aplicadas no caso de conluio entre empregadores para a fixação de salários e práticas de contratação, como acordos de proibição de contratação. As empresas devem, portanto, garantir o cumprimento das leis aplicáveis nas suas políticas de recrutamento e emprego e quando planeiam fusões e aquisições.

XI. Tributação

1. É importante que as empresas contribuam para as finanças públicas dos países anfitriões mediante o pagamento pontual das suas obrigações fiscais. Em especial, as empresas devem cumprir integralmente com as leis e regulamentos fiscais dos países onde operam. Cumprir integralmente a lei significa interpretar e seguir a intenção dos legisladores. Isto não significa que a empresa deva realizar um pagamento superior ao montante legalmente exigido nos termos de tal interpretação. O cumprimento fiscal inclui medidas como a prestação atempada de informações relevantes ou exigidas por lei às autoridades competentes, de forma a possibilitar determinar corretamente os impostos relativos às suas operações e a conformidade das práticas de determinação de preços de transferência com o princípio da plena concorrência.
2. As empresas devem tratar a governação fiscal e o cumprimento fiscal como elementos importantes da sua supervisão e sistemas de gestão de riscos mais amplos. Em particular, os conselhos de administração devem adotar estratégias de gestão de riscos fiscais para garantir que os riscos financeiros, regulatórios e de reputação, associados à tributação sejam identificados e integralmente avaliados.

Comentários ao Capítulo XI: Tributação

123. A cidadania empresarial na área tributária implica que as empresas devem cumprir integralmente com leis e regulamentos fiscais em todos os países onde operam, cooperar com as autoridades e disponibilizar informações relevantes ou exigidas por lei. Uma empresa cumpre integralmente com as leis e regulamentos fiscais se adotar medidas razoáveis para determinar a intenção dos legisladores e interpretar essas regras fiscais de acordo com tal intenção, considerando a linguagem legal e o histórico legislativo pertinente e vigente. As transações não devem ser estruturadas de forma a apresentar resultados fiscais incompatíveis com as consequências económicas subjacentes da transação, a menos que exista legislação específica para oferecer esse resultado. Neste caso, a empresa deve ter motivos razoáveis para acreditar que a transação está estruturada de forma a apresentar um resultado fiscal para a empresa que não seja oposto às intenções dos legisladores.

124. O cumprimento fiscal também implica cooperar com as autoridades fiscais e na prestação das informações necessárias para assegurar a aplicação eficaz e correta da legislação fiscal. Tal cooperação deverá incluir a resposta rápida e completa aos pedidos de informações apresentados por uma autoridade competente nos termos das disposições de um acordo fiscal ou de um acordo de troca de informações. No entanto, esse compromisso de fornecer informações não é ilimitado. De modo específico, as *Diretrizes* estabelecem uma relação entre as informações que devem ser fornecidas e a sua relevância para a aplicação da legislação fiscal pertinente. Elas reconhecem a necessidade de encontrar um equilíbrio entre as exigências feitas às empresas no cumprimento da legislação fiscal e a necessidade de as autoridades fiscais terem acesso às informações completas, atempadas e precisas para que apliquem a legislação fiscal.

125. Os compromissos das empresas sobre a cooperação, transparência e cumprimento fiscal devem-se refletir nos sistemas, nas estruturas e nas políticas de gestão de riscos. No caso de empresas com personalidade jurídica, os conselhos de administração devem supervisionar o risco fiscal de diversas

formas. Por exemplo, os conselhos de administração devem desenvolver de forma proativa os princípios de política fiscal adequados, bem como estabelecer sistemas internos de controlo fiscal, de modo que as ações da administração sejam coerentes com os pontos de vista do conselho de administração sobre os riscos fiscais. O conselho deve ser informado sobre todos os possíveis riscos fiscais substanciais e um responsável deverá ser designado para o desempenho das funções internas de controlo fiscal e para a apresentação de relatórios ao conselho. Uma estratégia abrangente de gestão de riscos que inclua a tributação permitirá que a empresa não somente atue como uma boa cidadã empresarial, mas também gerencie o risco fiscal de forma eficaz, o que pode servir para evitar grandes riscos financeiros, regulatórios e de reputação para a empresa.

126. A transparência fiscal garante o suporte à integridade do sistema tributário de um país e é uma forma importante de garantir e demonstrar que as empresas cumprem integralmente as leis tributárias. Um membro de um grupo de empresas multinacionais num país pode ter relações económicas extensas com membros do mesmo grupo de empresas multinacionais noutros países. Tais relações podem afetar a responsabilidade fiscal de cada uma das partes. Desta forma, uma autoridade fiscal pode precisar de informações de fora da sua jurisdição para avaliar essas relações e determinar a obrigação fiscal do membro do grupo de empresas multinacionais sob sua jurisdição. As informações a serem fornecidas limitam-se às informações pertinentes ou exigidas por lei para a avaliação proposta dessas relações económicas, com a finalidade de determinar a correta responsabilidade fiscal do membro do grupo de empresas multinacionais. As empresas multinacionais devem cooperar no fornecimento dessas informações. Uma série de ações do projeto do *Quadro Inclusivo da OCDE/G20 sobre a Erosão da Base Tributária e a Transferência de Lucros (BEPS)* tem a finalidade de melhorar a transparência, como a preparação e troca de Relatórios de País para País (BEPS Action 13), a troca espontânea obrigatória de informações relevantes sobre decisões específicas do contribuinte (BEPS Action 5) e as regras de divulgação obrigatória de informações relativas a esquemas de planeamento tributário agressivo (BEPS Action 12).

127. Os preços de transferência são uma questão fundamental para a cidadania e a tributação das empresas. O aumento significativo do comércio global e do investimento direto transfronteiriço (e o importante papel desempenhado pelas empresas multinacionais nesse comércio e nos investimentos) significa que os preços de transferência são um fator determinante significativo das obrigações fiscais dos membros de um grupo de empresas multinacionais, uma vez que influenciam a divisão da base fiscal entre os países onde a empresa multinacional opera. O princípio da plena concorrência incluído tanto no Modelo de Convenção Fiscal da OCDE como no Modelo das Nações Unidas de Convenção sobre a Dupla Tributação entre Países Desenvolvidos e Países em Desenvolvimento é o padrão internacionalmente aceite para ajustar os lucros entre empresas de um mesmo grupo. A aplicação do princípio da plena concorrência evita transferências inadequadas de lucros ou perdas e minimiza os riscos de dupla tributação. A sua aplicação apropriada exige que as empresas multinacionais cooperem com as autoridades fiscais e forneçam todas as informações pertinentes ou exigidas por lei sobre a escolha do método de determinação dos preços de transferência a ser adotado para as transações internacionais realizadas por elas e por suas partes relacionadas. Reconhece-se que determinar se os preços de transferência refletem adequadamente o padrão (ou princípio) de plena concorrência é muitas vezes difícil tanto para as empresas multinacionais como para as administrações tributárias e que a sua aplicação não é uma ciência exata.

128. A Comissão de Assuntos Fiscais da OCDE realiza um trabalho contínuo para elaborar recomendações destinadas a garantir que os preços de transferência reflitam o princípio da plena concorrência. Os seus trabalhos resultaram na publicação, em 1995, das *Diretrizes de Preços de Transferência da OCDE para Empresas Multinacionais e Administrações Tributárias (Diretrizes de Preços de Transferência da OCDE),* que foi objeto da *Recomendação sobre a Determinação de Preços de Transferência entre Empresas Associadas [OECD/LEGAL/0279]* (os membros de um grupo de empresas multinacionais normalmente seriam incluídos na definição de Empresas Associadas). As *Diretrizes de*

Preços de Transferência da OCDE são regularmente atualizados para refletir as mudanças na economia global e as experiências das administrações tributárias e dos contribuintes que lidam com preços de transferência. É importante ressaltar que a Recomendação do Conselho foi revisada em 2017 para refletir o endosso do pacote BEPS pelo Conselho, para fortalecer o impacto e a relevância das Diretrizes de Preços de Transferência fora dos membros da OCDE e para fornecer maior clareza e segurança jurídica aos governos e contribuintes sobre o status de futuras revisões das Diretrizes de Preços de Transferência, apoiando sua implementação atempada. O princípio da plena concorrência, por se aplicar à alocação de lucros de estabelecimentos permanentes para fins de determinação dos direitos fiscais do Estado anfitrião sob um tratado fiscal, foi objeto de uma Recomendação do Conselho da OCDE adotada em 2008.

129. As *Diretrizes de Preços de Transferência da OCDE* concentram-se na aplicação do princípio da plena concorrência para avaliar os preços de transferência das empresas associadas. As Diretrizes de Preços de Transferência da OCDE têm o intuito de auxiliar as administrações tributárias (tanto dos países membros como de outros países) e as empresas multinacionais, indicando soluções mutuamente satisfatórias para processos de preços de transferência, minimizando assim os conflitos entre as administrações tributárias e entre estas e as empresas multinacionais, bem como evitando litígios onerosos. As empresas multinacionais são incentivadas a seguir as orientações das *Diretrizes de Preços de Transferência da OCDE*, conforme alteradas e complementadas, para garantir que os seus preços de transferência reflitam o princípio da plena concorrência.

130. A coerência e a estabilidade da arquitetura tributária internacional que se aplica a grupos empresariais multinacionais foram amplamente fortalecidas através do Projeto BEPS da OECD/G20. Especificamente, a Convenção Multilateral para Implementar Medidas Relacionadas a Tratados Fiscais para Prevenir a Erosão da Base Tributária e a Transferência de Lucros *[OECD/LEGAL/0432]* facilita a implementação de uma série de medidas para combater a evasão fiscal e melhorar a coerência das regras fiscais internacionais, incluindo normas mínimas para evitar o abuso de tratados e melhorar a resolução de disputas. O sucesso desse sistema tem como premissa uma rede de relacionamentos positivos, a cooperação e a reciprocidade.

Parte II: Procedimentos de Implementação das Diretrizes da OCDE para Empresas Multinacionais sobre Conduta Empresarial Responsável

Decisão do Conselho sobre as Diretrizes para Empresas Multinacionais sobre Conduta Empresarial Responsável

O CONSELHO,

CONSIDERANDO o artigo 5º, alínea a) da *Convenção da Organização para Cooperação e Desenvolvimento Económico,* de 14 de dezembro de 1960;

CONSIDERANDO a *Declaração da OCDE sobre Investimento Internacional e Empresas Multinacionais* (a "*Declaração*") *[OECD/LEGAL/0144],* na qual Membros e não Membros signatários ("países signatários") recomendam conjuntamente às empresas multinacionais que operam dentro ou a partir dos seus territórios que observem as *Diretrizes para Empresas Multinacionais sobre Conduta Empresarial Responsável* (as "*Diretrizes*");

RECONHECENDO que, como as operações das empresas multinacionais se estendem a todo o mundo, a cooperação internacional em questões relacionadas com a Declaração deverá estender-se a todos os países;

CONSIDERANDO desejável melhorar os procedimentos que permitam realizar consultas sobre as questões abrangidas pelas presentes *Diretrizes* e promover a sua eficácia;

Em relação à proposta do Comité de Investimentos:

DECIDE:

I. Pontos de Contato Nacionais para uma Conduta Empresarial Responsável

1. Os países signatários devem estabelecer Pontos de Contato Nacionais para uma Conduta Empresarial Responsável (PCNs) para promover a eficácia das *Diretrizes*. Os PCNs terão as seguintes responsabilidades:

   a) Promover a sensibilização e a aceitação das *Diretrizes*, inclusive respondendo a pedidos de consulta;

   b) Contribuir para a resolução de questões que surjam relacionadas com a implementação das *Diretrizes* em instâncias específicas.

Em aditamento, quando apropriado e em coordenação com organismos públicos relevantes, os PCNs também poderão apoiar os esforços do seu governo para desenvolver, implementar e incentivar a coerência de políticas para promover uma conduta empresarial responsável.

A comunidade empresarial, as organizações de trabalhadores, outras organizações não governamentais e outras partes interessadas devem ser informadas sobre a disponibilidade dos PCNs.

2. Os PCNs em diferentes países signatários irão cooperar, caso necessário, em qualquer questão relacionada com as *Diretrizes* que seja relevante para as suas atividades. Como procedimento geral, as discussões a nível nacional deverão ser iniciadas antes da realização de contatos com outros PCNs.

3. Os PCNs reunir-se-ão regularmente para partilhar experiências e apresentar relatórios ao Comité de Investimentos.

4. Os países signatários deverão disponibilizar recursos humanos e financeiros para os seus PCNs, para que estes desempenhem as suas responsabilidades de modo eficaz e em pleno cumprimento dos critérios de eficácia descritos nos Procedimentos anexos à presente Decisão, considerando a capacidade e as práticas orçamentárias internas.

5. Os países signatários deverão realizar avaliações por pares periódicas dos seus PCNs, sujeitas às modalidades adotadas pelo Grupo de Trabalho sobre Conduta Empresarial Responsável (WPRBC).

II. O Comité de Investimentos e o Grupo de Trabalho sobre Conduta Empresarial Responsável

1. O Comité de Investimentos ("o Comité") supervisionará a implementação da Declaração sobre Investimento Internacional e Empresas Multinacionais. O WPRBC deverá auxiliar o Comité na implementação da Seção I da Declaração no que diz respeito às suas responsabilidades em relação às *Diretrizes*.

2. O Comité, periodicamente ou a pedido de um país Signatário, promoverá discussões sobre questões abrangidas pelas *Diretrizes* e sobre a experiência adquirida a partir da sua aplicação. O Comité convidará periodicamente o Comité Consultivo Empresarial e Industrial da OCDE (BIAC) e o Comité Consultivo Sindical da OCDE (TUAC) (os "órgãos consultivos"), a OECD Watch, bem como outros parceiros internacionais, a expressarem os seus pontos de vista sobre questões abrangidas pelas *Diretrizes*. Além disso, podem ser realizadas discussões com eles sobre essas questões, caso seja solicitado.

3. O Comité deve atuar com os países não-signatários sobre questões abrangidas pelas *Diretrizes*, de forma a promover uma conduta empresarial responsável no contexto mundial, em consonância com as *Diretrizes,* e para criar condições equitativas. O Comité também cooperará com os países não-signatários que tenham um interesse específico nas *Diretrizes* e na promoção dos seus princípios e normas.

4. O Comité será responsável pelos esclarecimentos sobre as *Diretrizes*. As partes envolvidas numa instância específica que tenha dado origem a um pedido de esclarecimento terão a oportunidade de expressar os seus pontos de vista, verbalmente ou por escrito. O Comité não pode chegar a conclusões sobre a conduta das empresas individuais.

5. O Comité promoverá discussões sobre as atividades dos PCNs, com o objetivo de reforçar a eficácia das *Diretrizes* e promover a equivalência funcional dos PCNs.

6. O Comité apresentará periodicamente um relatório ao Conselho sobre as questões abrangidas pelas *Diretrizes*. Nos seus relatórios, o Comité irá considerar os relatórios dos PCNs e as opiniões expressas pelos órgãos consultivos (BIAC e TUAC), pela OECD Watch, por outros parceiros internacionais e por países não-signatários, conforme o caso.

7. O Comité deve, em cooperação com os PCNs, promover proativamente uma agenda para o cumprimento efetivo dos princípios e normas constantes nas *Diretrizes* por parte das empresas. O Comité deverá, especificamente, procurar oportunidades para colaborar com os órgãos consultivos (BIAC e TUAC), a OECD Watch, outros parceiros internacionais e partes interessadas, para incentivar as contribuições positivas das empresas multinacionais para o progresso económico, ambiental e social no

contexto das *Diretrizes*, tendo em vista alcançar o desenvolvimento sustentável e apoiar na identificação e resposta aos riscos de impactos adversos associados a determinados produtos, regiões, setores ou indústrias.

III. Implementação e Revisão da Decisão

1. Os Procedimentos anexados a esta Decisão estabelecem expectativas, recomendações e orientações aplicáveis aos países signatários, aos PCNs, ao Comité e ao WPRBC na implementação desta Decisão.

2. Esta Decisão será revista periodicamente. O Comité deverá apresentar propostas para esse fim, e o WPRBC poderá desenvolver e enviar tais propostas ao Comité.

Procedimentos

I. Pontos de Contato Nacionais para uma Conduta Empresarial Responsável

O papel dos Pontos de Contato Nacionais para uma Conduta Empresarial Responsável (PCNs) consiste em promover a eficácia das *Diretrizes*. Os PCNs operarão de modo:

1. visível,
2. acessível,
3. transparente,
4. responsável,
5. imparcial e equitativo,
6. previsível, e
7. compatível com as *Diretrizes*.

Juntos, estes princípios compreendem os principais critérios de eficácia dos PCNs. Os PCNs, considerando as suas circunstâncias específicas, irão procurar promover a equivalência funcional, o que significa que todos os PCNs devem funcionar com um grau equivalente de eficácia, através do cumprimento dos critérios essenciais de eficácia.

A. Acordos Institucionais

Em consonância com o objetivo da equivalência funcional dos PCNs e da promoção da eficácia das *Diretrizes*, os países signatários têm flexibilidade na organização dos seus PCNs tendo em vista o cumprimento dos critérios essenciais de eficácia. Ao determinar os acordos institucionais do seu PCN, os governos irão procurar promover o apoio ativo dos parceiros sociais, quando aplicável, e de outras partes interessadas, bem como de outros organismos públicos relevantes.

Desta forma, os PCNs:

1. Terão uma composição e organização baseadas numa dotação de recursos suficientes de modo a proporcionar um ponto de partida eficaz para lidar com as diversas questões abrangidas pelas *Diretrizes*, terão acesso a conhecimentos especializados sobre todos os aspetos relevantes das áreas de intervenção do PCN, atuarão de forma imparcial e serão responsabilizados, num nível adequado pelo governo Signatário.
2. Podem utilizar diferentes formas de organização para cumprir com os critérios essenciais de eficácia e alcançar a equivalência funcional, tendo em mente a importância de manter a confiança das partes interessadas. Por exemplo, um PCN pode ser constituído por um alto funcionário do governo ou por um gabinete governamental chefiado por um alto funcionário; por um órgão interinstitucional ou interministerial composto ou liderado por altos funcionários; por um órgão composto por representantes do governo, da comunidade empresarial, de organizações de trabalhadores e de outras organizações não governamentais (multi-stakeholder) e/ou especialistas independentes. Os governos são incentivados a incluir representantes da comunidade empresarial, organizações de trabalhadores e outras organizações não-

governamentais em órgãos consultivos ou de supervisão, sempre que necessário, para auxiliar o PCN nas suas tarefas.

3. Irão desenvolver e manter relações significativas com parceiros sociais, quando aplicável, bem como com representantes da comunidade empresarial, de organizações de trabalhadores, de organizações não-governamentais e/ou outras partes interessadas que possam contribuir para a eficácia das *Diretrizes*.

B. Informação e Promoção

O PCN irá:

1. Fazer com que as *Diretrizes* sejam conhecidas e estejam disponíveis através de canais adequados, inclusive através de informações disponíveis em linha e nos idiomas nacionais. Os PCNs também devem promover os Guias de devida diligência da OCDE dedicados à conduta empresarial responsável, considerando a natureza específica do Guia, conforme mencionado no parágrafo 15 dos Comentários ao Capítulo II das *Diretrizes*. As partes interessadas relevantes, incluindo potenciais investidores (internos e externos), devem ser informadas sobre as *Diretrizes*, conforme o caso.
2. Promover a sensibilização a respeito das *Diretrizes*, dos seus procedimentos de implementação e do próprio PCN, inclusive através da cooperação com organismos públicos relevantes, comunidade empresarial, organizações de trabalhadores, outras organizações não governamentais e o público interessado, conforme o caso.
3. Responder a consultas sobre as *Diretrizes* e o guia de devida diligência da OCDE, bem como sobre o próprio PCN, inclusive:
   a) de outros PCNs;
   b) da comunidade empresarial, de organizações de trabalhadores, de outras organizações não-governamentais e do público; e
   c) de governos de países não-signatários.

C. Instâncias Específicas

O PCN, atuando como mecanismo extrajudicial para a apresentação de queixas, contribuirá para a resolução de questões que surjam relacionadas com a implementação das *Diretrizes* em instâncias específicas de forma coerente com os critérios essenciais de eficácia listados na Secção I.A. acima. Os PCNs publicarão os seus procedimentos para o tratamento de casos, ou seja, os procedimentos que devem ser seguidosi ao lidar com instâncias específicas, que serão coerentes com estes Procedimentos. Os PCNs são incentivados a consultar as suas partes interessadas durante a elaboração dos seus procedimentos para o tratamento de casos. O PCN providenciará um fórum de discussão e a sua expertise relativamente às *Diretrizes* para auxiliar a comunidade empresarial, as organizações de trabalhadores, outras organizações não-governamentais e outras partes interessadas a tratar de forma eficiente e atempada, as questões que surgirem, em conformidade com a legislação aplicável e as *Diretrizes*. Dependendo das características de cada caso, esta assistência pode incluir o apoio ao diálogo construtivo, a facilitação de acordos entre as partes e/ou recomendações. Os objetivos desta assistência podem incluir a promoção da implementação das *Diretrizes* no futuro e/ou uma abordagem aos impactos adversos de forma coerente com as *Diretrizes*.

Ao prestar tal assistência, o PCN irá:

1. Quando outros PCNs estiverem envolvidos devido às características da Instância Específica, coordená-los em boa-fé para escolher o PCN líder e os PCNs auxiliares.
2. Consultar as partes sobre as questões levantadas e fazer uma avaliação inicial sobre se tais questões merecem uma análise detalhada, facultando uma resposta às partes envolvidas.

3. Quando, com base numa avaliação inicial, o PCN decidir que as questões suscitadas merecem uma análise detalhada, oferecer serviços para auxiliar as partes envolvidas a resolverem as questões. Para essa finalidade, o PCN consultará tais partes e, conforme o caso:
   a) procurará aconselhamento junto das autoridades competentes e/ou representantes da comunidade empresarial, organizações de trabalhadores, outras organizações não governamentais e especialistas adequados à situação em questão;
   b) consultará o PCN de qualquer outro país signatário ou PCNs de outros países signatários relacionados;
   c) solicitará ao Secretariado informações sobre instâncias específicas semelhantes ou orientações ao WPRBC caso tenha dúvidas quanto à interpretação das *Diretrizes*. Estas informações e orientações são de caráter consultivo, confidenciais e específicas ao caso, e não representam esclarecimentos sobre a interpretação das *Diretrizes*, que permanecem sob a responsabilidade do Comité conforme a Seção II.2.c) abaixo. Tendo em consideração os recursos disponíveis, tal deve ser proporcionado com agilidade para evitar atrasos no tratamento do caso;
   d) oferecerá e, com a anuência das partes envolvidas, facilitará o acesso a meios consensuais e não contenciosos, tais como a mediação ou a conciliação, a fim de auxiliar as partes na resolução das questões.
4. Durante a conclusão dos procedimentos e após consulta às partes envolvidas, disponibilizar publicamente os resultados dos procedimentos, considerando a necessidade de proteger a confidencialidade da atividade empresarial e outras informações sensíveis das partes interessadas, emitindo publicamente uma declaração final:
   a) nos casos em que o PCN decidir que as questões levantadas não justificam uma análise detalhada. A declaração deve, no mínimo, descrever as questões apresentadas, as respetivas posições das partes conforme apropriado, as medidas adotadas pelo PCN ao considerar a submissão e o envolvimento das partes nos procedimentos e os motivos da decisão do PCN;
   b) nos casos em que as partes chegarem a um acordo sobre as questões levantadas. A declaração deve, no mínimo, descrever as questões apresentadas, as posições de cada uma das partes, conforme apropriado, as medidas adotadas pelo PCN para auxiliar as partes e o momento em que um acordo foi alcançado. As informações sobre o conteúdo do acordo só serão incluídas se as partes envolvidas estiverem de acordo. O PCN também pode incluir nas suas declarações recomendações sobre a implementação das *Diretrizes* quando um acordo for alcançado, conforme o caso;
   c) nos casos em que não houver qualquer acordo das partes ou quando uma das partes não estiver disposta a participar nos procedimentos. Esta declaração deve, no mínimo, descrever as questões apresentadas, as posições de cada uma das partes, conforme apropriado, as razões pelas quais o PCN decidiu que as questões apresentadas justificariam uma análise detalhada e os procedimentos iniciados pelo PCN para auxiliar as partes, incluindo informações sobre o envolvimento das partes nos procedimentos. O PCN também deve incluir recomendações sobre a implementação das *Diretrizes,* quando relevante. Quando apropriado, a declaração também pode incluir os motivos pelos quais não foi possível chegar a um acordo. Se permitido pela legislação aplicável e pelos procedimentos para o tratamento de casos do PCN, o PCN pode, a seu critério, apresentar a sua opinião na sua declaração final sobre se a empresa observou as *Diretrizes.*

O PCN notificará atempadamente os resultados dos procedimentos de instância específica ao Comité e ao WPRBC.

5. Envolver-se no acompanhamento, quando relevante, após o encerramento da instância específica, da implementação das recomendações ou, se existir, do acordo alcançado pelas partes. O PCN deverá publicar uma declaração de acompanhamento. A declaração final também deve fazer referência a qualquer acompanhamento que o PCN pretenda realizar, incluindo os prazos para realizá-lo.
6. Atuar com transparência e informar as partes de uma determinada instância de todos os factos e argumentos relevantes apresentados ao PCN por outras partes, principalmente durante a fase de bons ofícios. No entanto, mediante solicitação razoável de uma parte, por exemplo, para proteger informações confidenciais e/ou os interesses das partes interessadas envolvidas na instância específica, o PCN poderá manter o sigilo de certas informações em relação às outras partes.
7. Informar as partes que não poderão divulgar publicamente ou a terceiros, durante ou após os procedimentos, factos e argumentos partilhados pelas outras partes ou pelo PCN (inclusive, conforme o caso, por um mediador ou conciliador externo) durante os procedimentos descritos nos parágrafos 1 a 5 acima, a menos que a parte que compartilha concorde com a sua divulgação, que tais factos e argumentos já sejam de domínio público, ou que a não divulgação contrarie as disposições da legislação nacional.
8. Caso surjam questões envolvendo países não-signatários, adotar medidas para promover a compreensão das questões envolvidas e seguir estes Procedimentos.
9. Ao longo do processo, os PCNs devem adotar todas as medidas apropriadas dentro das suas capacidades para lidar com os riscos de represálias contra as partes de uma instância específica. Se tiverem conhecimento de uma situação real ou potencial de represália, os PCNs devem, na medida do possível, apoiar a parte em questão para evitar e mitigar qualquer dano e entrar em contacto com as autoridades competentes, em consulta com a(s) pessoa(s) em risco, sempre que possível. Os governos também devem adotar as medidas possíveis para proteger o PCN e os seus membros de represálias.

D. Apoio aos esforços do governo para promover uma conduta empresarial responsável

Ao promover a eficácia das *Diretrizes*, os PCNs podem, quando apropriado, e em coordenação com os organismos públicos relevantes, apoiar os esforços do seu governo para desenvolver, implementar e promover a coerência das políticas destinadas a promover uma conduta empresarial responsável. A prestação ou solicitação desse apoio deve ter em consideração os recursos e a capacidade do PCN para o cumprimento das suas responsabilidades descritas no parágrafo I.1. da *Decisão*.

E. Relatórios

1. Cada PCN apresentará relatórios anuais ao Comité e ao WPRBC.
2. Os relatórios devem conter informações sobre a natureza e os resultados das atividades do PCN, incluindo atividades relacionadas com as instâncias específicas.

F. Avaliação pelos pares

Os países signatários sujeitarão os seus PCN a avaliações periódicas pelos pares, organizadas pelo Secretariado, como uma forma de aumentar a implementação efetiva das *Diretrizes*, partilhar as melhores práticas e promover a eficácia do PCN e a sua equivalência funcional. As modalidades para a realização das avaliações periódicas pelos pares, incluindo procedimentos para a sua realização, a duração do ciclo de avaliação e acordos de financiamento, serão aprovadas pelo WPRBC e revistas no final de cada ciclo. O primeiro ciclo de avaliações periódicas pelos pares só será lançado após a aprovação de tais modalidades.

II. Comité de Investimentos, WPRBC e Secretariado

1. O Comité, o WPRBC e o Secretariado considerarão as solicitações de assistência dos PCNs na realização das suas atividades, inclusive, em caso de dúvida, sobre a interpretação das *Diretrizes* em circunstâncias específicas, cada um de acordo com as respetivas responsabilidades.

2. O Comité, com a assistência do WPRBC, irá, com o objetivo de aumentar a eficácia das *Diretrizes* e promover a equivalência funcional dos PCNs:

a) considerar os relatórios anuais dos PCNs descritos na Seção I.E. acima. Com base nestes relatórios, o WPRBC emitirá anualmente um relatório público analisando as atividades dos PCNs;

b) considerar uma submissão fundamentada de um país signatário, de um órgão consultivo (BIAC ou TUAC) ou da OECD Watch sobre se um PCN está a cumpr as suas responsabilidades no que concerne ao tratamento de instâncias específicas. O Comité aprovará a resposta por consenso. O país signatário cujo PCN for objeto de uma submissão fundamentada participará no processo de boa-fé, esperando-seque seja parte integrante de um o consenso, exceto em circunstâncias excecionais;

c) considerar apresentar esclarecimentos sobre a interpretação das *Diretrizes* a pedido de um país signatário, de um órgão consultivo (BIAC ou TUAC) ou da OECD Watch. Tal solicitação pode dizer respeito à dúvida se um PCN interpretou corretamente as *Diretrizes* em determinados casos específicos, mas nesses casos, o Comité não chegará a conclusões sobre a conduta de empresas individuais;

d) formular recomendações, sempre que necessário, para melhorar o funcionamento dos PCNs e a aplicação efetiva das *Diretrizes*. Quando, com base nos dois últimos ciclos de relatórios anuais e por proposta do WPRBC, o Comité determinar que um PCN, por um período prolongado e sem motivo legítimo, não está a atuar de forma coerente com estes *Procedimentos*, pode fazer recomendações apropriadas ao país signatário e convidá-lo a apresentar um relatório dentro de um prazo definido, sendo que o Comité pode fazê-lo repetidamente até estar convencido de que as questões foram tratadas. O Comité e o WPRBC adotarão decisões sobre estas questões por consenso. O país signatário cujo PCN está envolvido participará no processo de boa-fé e espera-se que participe do consenso, exceto em circunstâncias excecionais;

e) cooperar com parceiros internacionais;

f) colaborar com os países não-signatários interessados em questões abrangidas pelas *Diretrizes* e a sua implementação.

3. O Comité e o WPRBC podem solicitar e considerar o parecer de especialistas sobre quaisquer questões abrangidas pelas *Diretrizes*. Para este fim, o Comité decidirá sobre os procedimentos adequados.

4. O Comité e o WPRBC cumprirão as suas responsabilidades de forma eficiente e atempada.

5. No exercício das suas responsabilidades, o Comité e o WPRBC serão auxiliados pelo Secretariado, que, sob a orientação geral do Comité e do WPRBC, e sujeito ao Programa de Trabalho e Orçamento da Organização, irá:

a) atuar como ponto central de informação para PCNs que tenham dúvidas sobre a promoção, a interpretação e a implementação das *Diretrizes*. As informações sobre a interpretação das *Diretrizes* serão fornecidas de acordo com o item I.C.2.c) acima;

b) recolher e disponibilizar ao público – inclusive apoiando o WPRBC com a publicação do relatório anual que analisa as atividades do PCN, conforme o item II. 2. a) acima – informações relevantes sobre tendências recentes e práticas emergentes em relação aos acordos institucionais dos PCNs, atividades promocionais e implementação das *Diretrizes* em instâncias específicas. O

Secretariado desenvolverá modelos uniformizados de relatório para apoiar o estabelecimento e a manutenção de uma base de dados atualizada sobre instâncias específicas e realizar uma análise regular dessas instâncias específicas;

c) facilitar as atividades de aprendizagem entre pares, bem como a capacitação e a formação, especialmente para os PCNs dos novos países signatários e novos funcionários do PCN, sobre as *Diretrizes* e os seus Procedimentos de Implementação, tais como a promoção e a facilitação da conciliação e da mediação;

d) organizar avaliações periódicas dos PCNs pelos pares, conforme indicado na Seção I.F. acima;

e) facilitar a cooperação entre PCNs, sempre que possível; e

f) promover as *Diretrizes* nos fóruns e reuniões internacionais relevantes e prestar apoio aos PCNs e ao Comité nos seus esforços para sensibilizar os países não-signatários sobre as *Diretrizes.*

III. Diversos

Estes Procedimentos não dão origem a direitos ou obrigações adicionais ao abrigo do direito internacional.

Comentários sobre os Procedimentos de Implementação

1. A Decisão do Conselho representa o compromisso dos Países Signatários em promover a implementação das recomendações contidas no texto das *Diretrizes*. Os procedimentos estão anexados à Decisão do Conselho e descrevem expectativas, recomendações e outras orientações para os Países Signatários, para os Pontos de Contato Nacionais para uma Conduta Empresarial Responsável (PCNs), para o Comité de Investimentos (o Comité), para o Grupo de Trabalho sobre Conduta Empresarial Responsável (WPRBC) e para o Secretariado, sem dar origem a direitos ou obrigações adicionais ao abrigo do direito internacional. As expectativas estão sinalizadas através da utilização da palavra 'irá'. As recomendações estão sinalizadas através da utilização das palavras 'deve/deverá' ou 'incentiva'. As orientações estão sinalizadas através das palavras 'pode' ou 'poderá'.

2. A Decisão do Conselho estabelece as principais responsabilidades dos Países Signatários sobre as *Diretrizes* em relação aos PCNs, resumidas a seguir:

- Estabelecer PCNs e informar as partes interessadas sobre a disponibilidade de recursos relacionados com as *Diretrizes*.
- Disponibilizar os recursos humanos e financeiros necessários.
- Permitir que os PCNs de diferentes Países Signatários cooperem entre si, sempre que necessário.
- Permitir que os PCNs se reúnam regularmente e apresentem relatórios ao Comité.

3. A Decisão do Conselho estabelece também as responsabilidades do Comité relativamente às *Diretrizes*, que incluem:

- Organizar discussões sobre questões relacionadas com as *Diretrizes*.
- Emitir esclarecimentos, se necessário.
- Organizar discussões sobre as atividades dos PCNs.
- Apresentar relatórios ao Conselho da OCDE sobre as *Diretrizes*.

4. O Comité de Investimentos é o órgão da OCDE responsável pela supervisão do funcionamento das *Diretrizes*. Esta responsabilidade aplica-se não apenas às *Diretrizes*, mas a todos os elementos da Declaração (Instrumento de Tratamento Nacional e instrumentos sobre Incentivos e Desincentivos ao Investimento Internacional e Exigências Contraditórias). O Comité tenta assegurar que cada elemento da Declaração seja respeitado e compreendido, e que todos os elementos se complementem e operem em harmonia entre si.

5. O WPRBC é um órgão subsidiário do Comité com responsabilidades em relação às *Diretrizes* e à Decisão. Os Procedimentos incluem várias formas através das quais o WPRBC presta assistência ao Comité, incluindo:

- Desenvolver modalidades para a avaliação periódica dos PCNs pelos pares, supervisionar a organização destas avaliações por parte do Secretariado e aprovar os relatórios de avaliação pelos pares;

- Fornecer orientação consultiva aos PCNs que tenham dúvidas sobre a interpretação das *Diretrizes* em circunstâncias específicas;
- Preparar as respostas do Comité a questões fundamentadas e pedidos de esclarecimento sobre as *Diretrizes*;
- Aconselhar o Comité sobre como fazer recomendações a um país Signatário cujo PCN se tenha tornado manifestamente inoperante por um longo período e sem motivo legítimo;
- Apoiar o Comité na análise dos relatórios anuais dos PCNs e na divulgação de um relatório público anual sobre a atividade do PCN.

6. Refletindo a importância crescente da conduta empresarial responsável para os países não-signatários, a Decisão prevê a atuação e cooperação com os países não-signatários nas questões abrangidas pelas *Diretrizes.* Esta disposição permite ao Comité organizar reuniões especiais com os países não-signatários interessados, a fim de promover a compreensão das normas e princípios estabelecidos pelas *Diretrizes* e dos seus procedimentos de implementação. Observados os procedimentos pertinentes da OCDE, o Comité também pode associar os países não-signatários às atividades ou projetos especiais de conduta empresarial responsável, inclusive convidando-os para as suas reuniões.

7. O Comité cooperará com os PCNs e procurará oportunidades para colaborar com os órgãos consultivos (BIAC e TUAC), a OECD Watch e outros parceiros internacionais com o objetivo de promover proativamente a implementação efetiva das *Diretrizes.* Em especial, como parte do seu trabalho de supervisão da implementação da Declaração, o Comité, com o apoio do WPRBC, fornecerá orientações e procurará aumentar a capacidade das empresas de implementar a devida diligência para uma conduta empresarial responsável, inclusive em áreas geográficas, áreas de risco e setores específicos. Este trabalho será realizado através do envolvimento de várias partes interessadas, entre outras medidas, e terá em consideração as necessidades das pequenas e médias empresas, em cooperação com os PCNs. A este respeito são apresentadas mais orientações para os PCNs no parágrafo 21 abaixo.

I. Comentários sobre os procedimentos para PCNs

8. Os PCNs têm um papel importante na melhoria do desempenho e da eficácia das *Diretrizes*. Embora as empresas sejam responsáveis pelo cumprimento das *Diretrizes* nas suas atividades quotidianas, os governos e os seus PCNs podem contribuir para melhorar a implementação efetiva das *Diretrizes*. Com este objetivo, os PCNs concordaram que é necessário melhorar a orientação da sua organização e atividades, inclusive através da realização de reuniões periódicas e da supervisão do Comité.

9. Muitas das funções e atividades nos Procedimentos da Decisão não são novidade, mas refletem as experiências e as recomendações desenvolvidas ao longo dos anos. Ao torná-las explícitas, as expectativas em torno dos mecanismos de implementação das *Diretrizes* tornam-se mais transparentes. Todas as funções estão agora descritas em seis partes dos Procedimentos relativos aos PCNs: acordos institucionais, informação e promoção, instâncias específicas, apoio aos esforços do governo para promover a conduta empresarial responsável, relatórios e avaliações pelos pares.

10. Estas seis partes são precedidas de um parágrafo introdutório que define o objetivo fundamental dos PCNs, juntamente com os critérios essenciais de eficácia. Embora os governos tenham flexibilidade na forma como organizam os PCNs, estes devem funcionar com um grau equivalente de eficácia, definido como 'equivalência funcional'. A equivalência funcional é fundamental para a contribuição efetiva de toda a rede de PCNs para a implementação das *Diretrizes,* principalmente no que diz respeito ao envolvimento pleno de todos os PCNs no mecanismo de instância específica. O envolvimento de todos os PCNs é importante para a confiança das partes interessadas e a eficácia plena dos PCNs a todos os níveis. Todos

os PCNs, tendo em conta as suas circunstâncias específicas, irão procurar promover a equivalência funcional no desempenho das suas responsabilidades através do cumprimento dos critérios essenciais de eficácia descritos abaixo, o que também apoiará o Comité e o WPRBC nas avaliações pelos pares e nas discussões sobre a conduta dos PCNs.

Critérios essenciais de eficácia para a equivalência funcional nas atividades dos PCNs:

a. Visível.

Em conformidade com a Decisão, os governos signatários concordam em nomear PCNs que sejam facilmente identificáveis pelas partes interessadas e organismos públicos relevantes dentro e fora do seu país, e também em informar a comunidade empresarial, as organizações de trabalhadores e outras partes interessadas, incluindo ONGs, sobre a disponibilidade de recursos associada aos PCNs na implementação das *Diretrizes*. Neste sentido, uma etapa fundamental é a criação de um site ou página da Web do PCN que seja abrangente. Espera-se que os governos publiquem informações sobre seus PCNs, que inclua a sua localização no governo, os acordos institucionais e os procedimentos para o tratamento de casos, e que desempenhem um papel ativo na promoção das *Diretrizes*, que pode incluir a realização de eventos promocionais e materiais sobre o instrumento. Estes eventos ou materiais podem ser preparados em cooperação com empresas, trabalhadores, ONGs e outras partes interessadas, embora não necessariamente com todos estes grupos em cada ocasião.

b. Acessível.

O fácil acesso aos PCNs é importante para o seu funcionamento eficaz. Isto inclui facilitar o acesso às empresas, trabalhadores, ONGs e outros destinatários. Os PCNs responderão a todos os pedidos legítimos de informação e comprometem-se também a tratar as instâncias específicas de forma eficiente e atempada. Os PCNs não cobrarão taxas de submissão e os requisitos para a submissão de um caso estarão claramente estipulados, prontamente disponíveis e não serão desnecessariamente complexos. Quando apropriado e compatível com o tempo e a capacidade orçamental do PCN, este também pode fornecer assistência imparcial e equitativa às partes envolvidas. Esta assistência pode contemplar, por exemplo, o uso de idiomas e traduções, orientações sobre como apresentar uma submissão admissível e cooperar em matéria da mediação, permitir flexibilidade quanto a prazos ou apresentar opções acessíveis para participação no processo, como recursos para reuniões remotas.

c. Transparente.

A transparência é um critério importante no que diz respeito à sua contribuição para os outros critérios essenciais de eficácia e para ganhar a confiança das partes interessadas, das partes envolvidas nas instâncias específicas e do público em geral. Deste modo, como princípio geral e sujeito à legislação aplicável, as atividades do PCN serão transparentes. Por exemplo, a publicação dos relatórios anuais dos PCNs para a OCDE pode demonstrar transparência. No entanto, nas instâncias específicas, o PCN pode estabelecer a confidencialidade de determinados aspetos dos processos, de acordo com a Seção I.C.6.-7. dos Procedimentos e Comentários relacionados.

d. Responsável.

À luz da sua responsabilidade de melhorar o desempenho das *Diretrizes* – e do seu potencial para ajudar na gestão de questões complicadas entre as empresas e as sociedades nas quais operam – os PCNs prestarão contas das suas atividades. A nível nacional, os parlamentos, governos, órgãos consultivos dos PCNs onde existam, bem como as partes interessadas, podem ter um papel a desempenhar no fornecimento de feedback sobre as atividades dos PCNs e servir de fonte de aprendizagem contínua para melhorar o desempenho dos PCNs. Relatórios anuais e reuniões regulares dos PCNs, atividades de aprendizagem entre pares e avaliações pelos pares proporcionarão uma oportunidade para partilhar experiências e incentivar as "melhores práticas" em relação aos PCNs. O Comité e o WPRBC também realizarão discussões e intercâmbio de experiências, a partir dos quais a eficácia das atividades dos PCNs poderá ser avaliada.

e. Imparcial e equitativo.

Ser imparcial e equitativo são pré-requisitos para a confiança contínua das partes interessadas, das partes envolvidas em instâncias específicas e do público em geral. Assim, os governos organizarão os seus PCNs de forma a permitir que eles atuem e sejam considerados como tal. Os PCNs garantirão a imparcialidade na resolução das instâncias específicas, inclusive procurando ativamente prevenir e resolver conflitos de interesses potenciais ou percebidos de qualquer pessoa que desempenhe uma função em nome do PCN ao ajudar as partes envolvidas na resolução de questões apresentadas numa instância específica. Os PCNs também devem procurar garantir, principalmente através de procedimentos claros e acessíveis para o tratamento de casos, que as partes se possam envolver no processo em termos justos e equitativos, por exemplo, procurando garantir que os desequilíbrios de poder e de recursos não impeçam as partes de se envolverem efetivamente no processo, ou fornecendo acesso razoável a fontes de informação relevantes para o procedimento.

f. Previsível.

As operações dos PCNs fornecerão informações claras e publicamente disponíveis sobre o seu papel e os procedimentos que seguem no cumprimento das suas responsabilidades, principalmente na resolução de instâncias específicas. As áreas em que estas informações devem ser fornecidas incluem:

- a prestação de bons ofícios,
- as etapas do processo de instância específica, incluindo prazos indicativos e critérios para a avaliação inicial,
- expectativas de boa-fé e confidencialidade,
- a natureza do processo e os seus possíveis resultados, e
- o papel que os PCNs podem desempenhar na monitorização da implementação de acordos alcançados entre as partes ou recomendações feitas pelo PCN.

Os PCNs publicarão os procedimentos para o tratamento de casos redigidos em termos claros e acessíveis e informarão regularmente as partes envolvidas nas instâncias específicas sobre o andamento do processo, em especial quando for necessário alargar os prazos indicativos estabelecidos nos parágrafos 51 e 52 abaixo.

g. Compatível com as *Diretrizes*.

Os PCNs atuarão de forma compatível com as *Diretrizes*. Ao lidar com instâncias específicas, tal significa trabalhar com as partes envolvidas para evitar qualquer situação em que os acordos sejam contrários às *Diretrizes* ou em que os procedimentos para o tratamento de casos sejam inconsistentes com os Procedimentos.

Acordos Institucionais

11. Os acordos institucionais dos PCNs permitirão que estes tenham em consideração critérios essenciais de eficácia, mantenham a confiança dos parceiros sociais, quando aplicável, bem como de outras partes interessadas, e promovam o perfil público das *Diretrizes*. A Decisão e os Procedimentos conferem aos Países Signatários flexibilidade para decidir sobre os acordos institucionais dos seus PCNs, identificando algumas das várias opções possíveis, e também definem as características mínimas necessárias para corresponder às expectativas, como o envolvimentor dos quadros superiores, ter

recursos humanos e financeiros suficientes e ter acesso suficiente a especialistas nas questões abrangidas pelas *Diretrizes*. Os governos têm flexibilidade para usar um nome diferente para o seu PCN conforme apropriado para o seu contexto nacional. Para promover a confiança no PCN, os governos devem consultar as partes interessadas sobre as decisões que podem afetar significativamente os acordos institucionais de um PCN.

12. Independentemente da estrutura que os governos tenham escolhido para os seus r PCNs, estes são incentivados a criar órgãos consultivos ou de supervisão multi-stakeholder para auxiliar os PCNs nas suas tarefas.

13. Recursos adequados são fundamentais para a eficácia e autoridade dos PCNs. A Decisão exige que os Países Signatários assegurem aos seus PCNs os recursos humanos e financeiros necessários para que o PCN cumpra efetivamente as suas responsabilidades de uma forma que satisfaça plenamente os critérios de eficácia. Os Países Signatários são incentivados a disponibilizar tais recursos aos PCNs como parte de um orçamento dedicado, quando apropriado. No caso de rotatividade dos trabalhadores, os Países Signatários devem proporcionar a continuidade do trabalho, o que pode incluir dar formação adequada aos novos trabalhadores, conforme necessário e com o apoio do Secretariado, e a preservação da memória institucional.

14. Os PCNs, independentemente da sua composição, desenvolverão e manterão relações significativas e envolver-se-ão com representantes de organismos públicos relevantes, da comunidade empresarial, de organizações de trabalhadores, de outras organizações não governamentais e outras partes interessadas, para conquistar o apoio ativo e a confiança das partes interessadas.

Informação e Promoção

15. As funções do PCN associadas à informação e promoção são fundamentais para melhorar o desempenho e a sensibilização relativamente às *Diretrizes* junto das partes interessadas e do público em geral e para incentivar as empresas a atuarem de forma coerente com as *Diretrizes*, utilizando para este efeito o guia de devida diligência da OCDE.

16. Os PCNs devem promover ativamente as *Diretrizes* e são incentivados a promover os guias de devida diligência da OCDE quando relevante, em especial conforme as Recomendações do Conselho sobre estes guias e tendo em conta a natureza específica dos guias, conforme mencionado no Capítulo II das *Diretrizes*, parágrafo 15 dos Comentários. Exemplos de atividades de promoção incluem a disponibilização de materiais às partes interessadas ou a organização ou participação em eventos sobre conduta empresarial responsável. Também podem ser promovidos eventos relacionados com a conduta empresarial responsável organizados pela OCDE, outros PCNs ou atores relevantes. As atividades de promoção do PCN e as informações relacionadas com tais atividades devem ser facilmente acessíveis, disponíveis em linha e através de outros meios apropriados, inclusive nos idiomas nacionais. O site do PCN deve incluir links para as *Diretrizes* e o guia de devida diligência da OCDE sobre conduta empresarial responsável. As versões em inglês e francês serão disponibilizadas pelo Secretariado da OCDE.

17. Os PCNs procurarão, conforme apropriado, oferecer as atividades e informações acima mencionadas de forma equitativa a um conjunto diversificado e representativo de partes interessadas relevantes. A título de exemplo, os Procedimentos fazem referência a potenciais investidores, internos e externos. Os PCNs também são incentivados a entrar em contato com os organismos públicos pertinentes e redes diplomáticas, que podem atuar como multiplicadores importantes para promover as *Diretrizes* e sensibilizar sobre o PCN, inclusive junto das partes interessadas noutros países. Dependendo do contexto e dos recursos de um PCN, o mapeamento das partes interessadas e planos de promoção podem ajudar a aumentar o alcance e o impacto dos esforços de divulgação de um PCN.

18. Os PCNs também devem fornecer informações sobre as suas responsabilidades e atividades à luz dos critérios essenciais de eficácia. Os PCNs devem divulgar junto das partes interessadas relevantes, o seu papel no tratamento das instâncias específicas e também, sempre que possível e apropriado, junto

de potenciais queixosos. Tal deve incluir informações sobre o processo que as partes devem seguir ao submeter ou responder a uma instância específica, conselhos sobre as informações necessárias para submeter uma instância específica, os requisitos para as partes que participam em instâncias específicas, incluindo a confidencialidade, e os processos e prazos previstos que serão seguidos pelo PCN.

19. Nos seus esforços relacionados com a sensibilização sobre as *Diretrizes*, os PCNs cooperarão com diversas organizações e indivíduos, incluindo, conforme o caso, com organismos públicos pertinentes, com a comunidade empresarial, organizações de trabalhadores, organizações não governamentais e outras partes interessadas. Estas organizações têm um claro interesse na promoção das *Diretrizes* e as suas redes institucionais disponibilizam oportunidades de promoção que, se forem utilizadas para este fim, aumentarão consideravelmente os esforços dos PCNs neste sentido.

20. Outra atividade básica prevista para os PCNs é responder a consultas legítimas. Neste sentido, três grupos foram destacados pela sua relevância: i) outros PCNs (refletindo uma disposição da Decisão); ii) a comunidade empresarial, organizações de trabalhadores, outras organizações não governamentais e o público; e iii) governos de países não-signatários.

21. Para apoiar o Comité e o WPRBC na promoção proativa da implementação das *Diretrizes*, os PCNs devem manter contactos regulares, incluindo reuniões, com parceiros sociais, quando aplicável, e outras partes interessadas, com o propósito de:

a) analisar novos avanços e práticas emergentes em relação à conduta empresarial responsável;

b) apoiar as contribuições positivas que as empresas podem fazer para o progresso económico, social e ambiental;

c) participar, conforme o caso, em iniciativas de colaboração para identificar e responder aos riscos de impactos adversos associados a determinados produtos, regiões, setores ou indústrias.

Aprendizagem entre pares

22. Além de contribuir para o trabalho do Comité e do WPRBC no sentido de aumentar a eficácia das *Diretrizes*, os PCNs participarão em atividades conjuntas de aprendizagem entre pares. Esta aprendizagem entre pares pode ser realizada através de reuniões na OCDE ou pela cooperação direta entre PCNs.

Avaliações pelos pares

23. As avaliações pelos pares são um mecanismo importante para aumentar a implementação eficaz das *Diretrizes*, partilhar as melhores práticas e promover a equivalência funcional. Conforme estabelecido na Decisão, os Países Signatários comprometem-se a realizar avaliações periódicas dos PCNs pelos pares. O Secretariado organizará estas avaliações sob a supervisão do WPRBC. As avaliações pelos pares avaliam os pontos fortes e fracos do PCN no que diz respeito ao cumprimento do seu mandato e aos critérios essenciais de eficácia definidos na Seção I dos Procedimentos e fazem recomendações de melhoria, conforme apropriado.

24. As modalidades de avaliação periódica pelos pares (processo, duração do ciclo de avaliação e acordos de financiamento) serão definidas num 'Modelo básico de avaliação dos PCNs pelos pares ' a ser aprovado por consenso pelo WPRBC e publicado no site da OCDE. O WPRBC irá rever o Modelo básico no final de cada ciclo, para garantir principalmente que os PCNs tenham tempo suficiente para preparar as respetivas avaliações pelos pares, para que estas avaliações não representem um fardo excessivo, que sejam económicas para os governos e PCNs (incluindo os PCNs avaliadores) e que tenham em consideração o volume de trabalho do WPRBC e do Secretariado, e que o processo de seleção para os PCNs avaliadores garanta que todos os PCNs tenham a oportunidade de participar em equipas de avaliação pelos pares. O ciclo de avaliações periódicas pelos pares não começará antes da aprovação das modalidades pelo WPRBC.

Instâncias Específicas

25. Quando surgirem questões relacionadas com a implementação das *Diretrizes* em instâncias específicas, espera-se que o PCN ajude na sua resolução, atuando como um mecanismo extrajudicial de reclamação. Neste contexto, os PCNs terão como objetivo facilitar o diálogo entre as partes e apoiar estas a encontrar soluções mutuamente aceitáveis e compatíveis com as *Diretrizes* para as questões apresentadas, bem como apoiar ativamente este diálogo com os seus conhecimentos sobre as *Diretrizes*. Os PCNs também devem redigir declarações finais de forma a fornecer orientações para a resolução das questões e implementar as *Diretrizes*. Os guias de devida diligência da OCDE sobre conduta empresarial responsável e os guias setoriais de devida diligência da OCDE são recursos úteis para os PCNs entenderem e promoverem as *Diretrizes,* mas não se destinam a servir como único fundamento para a submissão de instâncias específicas. Cada PCN publicará procedimentos para o tratamento de casos claros e facilmente acessíveis, descrevendo o seu processo de instância específica em conformidade com estes Procedimentos. Os PCNs são incentivados a desenvolver os seus procedimentos para o tratamento de casos em consulta com as partes interessadas.

Compromisso de boa-fé

26. O processo de instância específica é voluntário. Espera-se a participação de boa-fé de todas as partes envolvidas no processo. A participação de boa-fé nesse contexto significa responder em tempo útil, manter a confidencialidade quando apropriado e em consonância com os procedimentos para o tratamento de casos do PCN, evitar deturpar as questões e o processo, principalmente em comunicações públicas, e evitar ameaças ou represálias contra as partes envolvidas no procedimento, ou contra o próprio PCN, e participar genuinamente no processo tendo em vista encontrar uma solução para as questões apresentadas que seja compatível com as *Diretrizes*, ponderando seriamente, inclusive, s qualquer oferta de bons ofícios por parte do PCN.

27. Caso um PCN tenha conhecimento de ameaças ou da existência de represálias dirigidas a uma pessoa envolvida numa instância específica, ou contra o PCN ou um dos seus membros, eeste deve adotar medidas dentro das suas capacidades e em consulta com outras entidades governamentais relevantes, tais como missões diplomáticas, conforme o caso, com o objetivo de assegurar que a pessoa em risco tenha proteção adequada e que o processo possa prosseguir de forma segura, acessível, equitativa e imparcial. Antes de empreender qualquer ação a este respeito, o PCN consultará sempre que possível, a pessoa em risco. As represálias podem incluir ameaças para prejudicar o indivíduo, a sua família ou outras relações, ameaças inapropriadas de rescisão do vínculo laboral ou de benefícios ou ameaças inapropriadas de ações judiciais. Medidas apropriadas podem incluir, por exemplo, manter confidencial a identidade da pessoa em risco, sugerir que a pessoa em risco seja representada por uma terceira parte de confiança, documentar tentativas de represálias em declarações, entrar em contacto com as autoridades competentes ou ajudar a pessoa em risco a fazê-lo.

28. Adicionalmente, para preservar a acessibilidade e a imparcialidade, os governos devem adotar medidas adequadas para proteger o PCN e os seus membros de represálias, de acordo com a legislação nacional e em consulta com as autoridades governamentais competentes. Os governos devem apoiar as medidas adotadas pelo PCN para sua proteção e proteção dos seus membros.

Coordenação entre os PCNs em Instâncias Específicas

29. As *Diretrizes* são dirigidas pelos Países Signatários às empresas que operam "dentro ou a partir dos" seus territórios, portanto os PCNs podem receber instâncias específicas sobre questões que ocorrem no seu país ou, alternativamente, sobre questões relativas a empresas estabelecidas no seu país. Assim, algumas instâncias específicas podem envolver os PCNs de vários Países Signatários, tais como:

- quando uma instância específica diz respeito a Países Signatários de origem e anfitrião diferentes (por exemplo, relativamente às atividades de uma empresa sediada num País Signatário, tendo impactos noutro País Signatário, ou uma empresa com sedes diferentes em vários Países Signatários);

- quando as questões apresentadas numa instância específica ocorrem em vários Países Signatários, ou dizem respeito a várias empresas estabelecidas em vários Países Signatários;
- no caso de uma mesma instância específica ou instâncias específicas relacionadas (tais como instâncias específicas envolvendo diferentes empresas ativas no mesmo projeto ou na mesma cadeia de fornecimento) serem submetidas a vários PCNs.

Em tais situações, o(s) PCN(s) que receberam a(s) instância(s) específica(s) informarão e coordenarão com todos os outros PCNs envolvidos desde o início, com o objetivo de designar o PCN principal e os PCNs de apoio e adotar acordos de coordenação.

30. De um modo geral, o PCN do país no qual surgiram as questões seria o PCN principal. No entanto, em determinadas situações, outros critérios podem ser aplicados, por exemplo, quando for necessário contribuir para a resolução das questões apresentadas, ou quando surgirem questões num país não-Signatário. As partes devem ser mantidas informadas em relação aos acordos de coordenação e consultadas sobre qualquer decisão de transferir o caso para um PCN principal diferente do PCN ao qual o caso foi submetido.

31. O PCN principal é responsável por todos os aspetos do processo da instância específica e os respetivos procedimentos para o tratamento de casos serão aplicáveis ao processo. Ao longo do processo de instância específica, os PCNs de apoio serão mantidos informados sobre os avanços e podem emprestar recursos, por exemplo, avaliando declarações/relatórios, fornecendo serviços de tradução, apoiando reuniões conjuntas com as partes envolvidas e outras formas de assistência prática. Os PCNs de apoio agirão de boa-fé para promover a resolução da instância específica e todos os PCNs envolvidos respeitarão a confidencialidade e o uso adequado das informações e materiais recebidos de outros PCNs.

32. Os PCNs podem procurar assistência, incluindo propostas, do presidente do WPRBC ao discutir a seleção do PCN principal e dos PCNs de apoio e a coordenação entre estes. Se os PCNs não chegarem a um consenso, o(s) PCN(s) que receberam a(s) instância(s) específica(s) devem tomar uma decisão final sobre o caso em consulta com os outros PCNs envolvidos e mantê-los informados regularmente sobre o andamento do caso.

Avaliação Inicial

33. Após consultar as partes sobre as questões apresentadas e, quando relevante, coordenar com outros PCNs envolvidos na designação de um PCN principal de acordo com os parágrafos 29 a 32 acima, o PCN realizará uma avaliação inicial para saber se a questão levantada merece uma análise detalhada.

Ao realizar esta avaliação inicial, o PCN deverá considerar:

- a identidade da parte interessada e o seu interesse na questão;
- se a questão é material, ou seja, relevante para a implementação das *Diretrizes;* e fundamentada, ou seja, apoiada por informações suficientes e credíveis;
- se a empresa está abrangida pelas *Diretrizes*;
- se poderá existir uma relação entre as atividades da empresa e a questão apresentada na instância específica;
- até que ponto a legislação aplicável e/ou procedimentos paralelos limitam a capacidade do PCN de contribuir para a resolução do problema e/ou a implementação das *Diretrizes*, de acordo com o parágrafo 35 abaixo;
- se a análise da questão contribuiria para os objetivos e a eficácia das *Diretrizes*.

34. Após a sua avaliação inicial, o PCN responderá às partes envolvidas. Se o PCN decidir que as questões não merecem uma análise detalhada, este informará as partes sobre os motivos da sua decisão.

Uma decisão de que um caso merece uma análise detalhada não significa que as questões apresentadas tenham sido objeto de verificação final e não implica qualquer conclusão sobre se uma empresa agiu ou não de acordo com as *Diretrizes*.

Processos paralelos

35. O termo "processos paralelos" refere-se a processos judiciais ou extrajudiciais, que podem ser de natureza nacional ou internacional, envolvendo as mesmas questões ou questões estreitamente relacionadas e que podem influenciar a instância específica a decorrer. Tal inclui, por exemplo, instâncias específicas submetidas ao mesmo PCNou a outro PCN. Caso processos paralelos tenham sido conduzidos, estejam a decorrer ou estejam à disposição das partes envolvidas, tal não impede o PCN de oferecer os seus bons ofícios às partes envolvidas. Os PCNs devem avaliar se uma oferta de bons ofícios pode contribuir de forma positiva, no futuro, para a resolução das questões apresentadas e/ou para a implementação das *Diretrizes,* sem prejudicar seriamente nenhuma das partes envolvidas nestes outros processos, ou se causaria uma situação de desrespeito perante o tribunal. Nesta avaliação, os PCNs podem ter em consideração a prática entre outros PCNs, considerar a possibilidade de aceitar parcialmente a instância específica ou suspender a sua análise enquanto o processo paralelo estiver a decorrer e, quando apropriado, consultar as instituições junto às quais o processo paralelo está ou poderia estar a decorrer. Os PCNs irão pedir o apoio das partes envolvidas na análise destas questões, solicitando informações e opiniões relevantes sobre os processos paralelos.

Bons ofícios

36. Sempre que as questões apresentadas justifiquem uma análise detalhada, o PCN oferecerá "bons ofícios" no esforço de contribuir para a resolução das questões. Como parte dos bons ofícios, o PCN pode consultar as autoridades competentes, bem como representantes da comunidade empresarial, de organizações de trabalhadores, de outras organizações não governamentais, e ainda especialistas, de acordo com os procedimentos para o tratamento de casos do próprio PCN. Consultas aos PCNs de outros países ou o pedido de informações ao Secretariado ou de orientação ao WPRBC sobre questões relacionadas com a interpretação das *Diretrizes* também podem ajudar a resolver a questão.

37. Através de bons ofícios, os PCNs oferecerão uma plataforma de diálogo entre as partes para auxiliar na resolução das questões apresentadas. Em consonância com a natureza extrajudicial do procedimento de instância específica, e sujeito ao consentimento das partes, o papel do PCN inclui criar condições para o diálogo e o consenso entre as partes em torno de um compromisso da empresa para promover a implementação das *Diretrizes* no futuro e, quando relevante, abordar, de acordo com as *Diretrizes*, os impactos adversos que possam ter ocorrido. Ao facilitar o diálogo, o PCN deve esclarecer as disposições das *Diretrizes* relevantes para as questões apresentadas, como forma de auxiliar as partes a chegarem a um acordo compatível com as *Diretrizes.*

38. Como parte da oferta de bons ofícios, e sempre que relevante para as questões apresentadas, os PCNs oferecerão ou facilitarão o acesso a processos consensuais e não-concorrenciais, tais como a mediação ou a conciliação, para auxiliar as partes na resolução das questões. Em conformidade com as práticas de conciliação e mediação aceites, tais processos só seriam utilizados mediante acordo das partes envolvidas e o seu compromisso de participar no processo de boa-fé. Se a mediação for a opção escolhida, os PCNs podem optar por realizar a mediação por conta própria ou contratar mediadores externos em consulta com as partes para conduzir ou apoiar a mediação.

Conclusão do Processo

39. Espera-se que os PCNs publiquem sempre os resultados de uma instância específica, em conformidade com os parágrafos I.C.-4. e I.C.-6. dos Procedimentos.

40. Nos casos em que o PCN, após ter realizado a sua avaliação inicial, decidir que as questões apresentadas na instância específica não merecem uma análise mais aprofundada, fará uma declaração

que será disponibilizada ao público após consultas das partes envolvidas e considerando a necessidade de preservar a confidencialidade dos negócios e demais informações sensíveis. Se o PCN considerar que, com base nos resultados da sua avaliação inicial, seria injusto identificar publicamente uma parte numa declaração sobre a sua decisão, poderá redigir a declaração de modo a proteger a identidade dessa parte.

41. O PCN também pode disponibilizar publicamente a sua decisão de que as questões apresentadas merecem uma análise detalhada, bem como a sua oferta de bons ofícios às partes envolvidas.

42. Caso as partes envolvidas cheguem a um acordo sobre as questões apresentadas, estas deverão abordar no seu acordo como e em que medida o conteúdo do acordo será disponibilizado ao público. O PCN, em consulta às partes, disponibilizará ao público um relatório com os resultados do processo. O PCN pode fazer recomendações sobre a implementação das *Diretrizes* ainda que haja consenso ou consenso parcial entre as partes.

43. Se as partes envolvidas não chegarem a um acordo sobre todas ou algumas das questões apresentadas, se uma ou ambas as partes se retirarem do procedimento, ou se o PCN descobrir que uma ou mais partes da instância específica não estão dispostas a envolver-se ou a participar de boa-fé, o PCN emitirá uma declaração e formulará recomendações, conforme apropriado, sobre a implementação das *Diretrizes* relativamente às questões apresentadas. Este procedimento demonstra que um PCN emitirá uma declaração mesmo nos casos em que considera que uma recomendação específica não é necessária. A declaração deve identificar as partes interessadas, as questões abordadas, a data na qual as questões foram apresentadas ao PCN, quaisquer recomendações do PCN e quaisquer observações do PCN sobre as razões pelas quais o processo não resultou num acordo.

44. Quando apropriado e relevante para a resolução das questões, o PCN também pode, de acordo com o seu critério, caso permitido pela legislação nacional aplicável e respetivos procedimentos para o tratamento de casos, expor as suas opiniões na sua declaração final sobre se a empresa observou as *Diretrizes.* Da mesma forma, quando apropriado, o PCN pode informar os organismos públicos competentes se as partes participaram de boa-fé ou não, e deve comunicar de forma transparente com as partes sobre as medidas pretendidas ou reais a este respeito.

45. O PCN deverá proporcionar às partes envolvidas a hipótese de comentarem o projeto de declaração. No entanto, a declaração é da responsabilidade do PCN, ficando ao critério do PCN decidir se deve alterar o projeto de declaração em resposta aos comentários das partes.

Acompanhamento

46. Os PCNs realizarão o acompanhamento dos acordos que facilitarem ou das recomendações que formularem, quando relevante. O acompanhamento pode, por exemplo, não ser relevante em situações em que as partes recusam tal acompanhamento ou concordam em que as questões foram totalmente resolvidas. Os prazos para tal devem estar contemplados na declaração do PCN. O acompanhamento pode contemplar, por exemplo, pedidos de atualização às partes, ou uma ou mais reuniões entre o PCN e as partes (separadamente ou em conjunto) para avaliar o progresso na implementação dos compromissos assumidos no acordo ou relativamente às recomendações do PCN. O PCN deve publicar declarações de acompanhamento após a realização do acompanhamento.

Transparência e Confidencialidade

47. A transparência é reconhecida como um princípio geral para a conduta dos PCNs (consulte o parágrafo 10c. na seção "Critérios Essenciais de Eficácia", acima). No entanto, o parágrafo I.C-6. dos Procedimentos reconhece que existem circunstâncias específicas em que é importante manter a confidencialidade de certos factos e argumentos apresentados pelas partes. Por exemplo, o PCN adotará as medidas adequadas para proteger informações comerciais confidenciais, como segredos comerciais. Do mesmo modo, outras informações, tais como a identidade das partes envolvidas no processo, deverão ser mantidas em sigilo, por exemplo, se a sua divulgação as colocar, ou colocar pessoas relacionadas com

elas, em risco de represália. No entanto, continua a ser importante encontrar um equilíbrio entre transparência e confidencialidade, com o objetivo de criar confiança no processo da instância específica e promover a implementação eficaz das *Diretrizes*. Reconhece-se que os PCNs podem ser obrigados a seguir as leis nacionais sobre transparência e divulgação, independentemente dessas disposições.

48. No que diz respeito à partilha de informações entre as partes, de forma que o processo seja equitativo, o PCN deve, em princípio, tornar as partes cientes de todos os factos e argumentos relevantes apresentados ao PCN pelas outras partes durante o processo (principalmente durante a etapa de bons ofícios). Se uma parte fizer uma solicitação razoavelmente fundamentada para que não seja partilhada a totalidade de uma petição com a outra parte, principalmente para proteger informações comerciais confidenciais e os interesses de outras partes interessadas, o PCN deve trabalhar com a parte solicitante para ocultar qualquer conteúdo confidencial, com a finalidade de facilitar a partilha. Tanto quanto possível, os PCNs devem evitar basear aspetos fundamentais das suas decisões em informações que não estejam disponíveis para ambas as partes.

49. No que diz respeito à comunicação com o público ou terceiros sobre a instância específica, de acordo com o critério essencial de efetividade da transparência, as partes e o PCN podem comunicar publicamente sobre a existência da instância específica, exceto quando acordado de outra forma entre as partes e o PCN. Adicionalmente, os PCNs são incentivados a permitir que as partes comuniquem publicamente sobre as etapas do processo, conforme descrito na Secção I.C.1.-5 dos Procedimentos (ou a comunicarem eles mesmos), e a permitir que as partes publiquem a sua própria submissão inicial. Ambas as partes também podem discutir informações ou documentos partilhados pela outra parte com os seus conselheiros para a instância específica, desde que esses próprios conselheiros não divulguem tais informações. Outras informações serão consideradas confidenciais, salvo acordo em contrário entre as partes. Nomeadamente, os PCNs informarão as partes no início do processo de que não podem divulgar em nenhum momento factos e argumentos partilhados durante o processo pela outra parte ou pelo próprio PCN (incluindo, quando relevante, um mediador ou conciliador externo) que já não seja do domínio público sem o consentimento da outra parte ou do PCN, respetivamente. No interesse da previsibilidade e da confiança, os PCNs podem procurar garantias por escrito das partes e respetivos conselheiros a este respeito e adotar disposições nos seus procedimentos para o tratamento de casos que incentivem o cumprimento das suas solicitações de não divulgação.

Questões de países não-signatários

50. Conforme observado no parágrafo 2 do capítulo Conceitos e Princípios, as empresas são incentivadas a observar as *Diretrizes* onde quer que operem, considerando as circunstâncias específicas de cada país anfitrião.

- Caso surjam questões relacionadas com as *Diretrizes* num país não-Signatário, os PCNs do país de origem adotarão medidas para compreender as questões envolvidas. Embora nem sempre seja possível ter acesso a todas as informações pertinentes ou reunir todas as partes envolvidas, o PCN pode ainda ter condições para investigar e para se envolver noutras atividades tendo em vista o apuramento de factos. Exemplos destas medidas podem incluir o contacto com a administração da empresa no país de origem e, conforme aplicável, com embaixadas e funcionários do governo no país não-Signatário.
- Os conflitos com as leis, regulamentos, normas e políticas do país anfitrião podem tornar a implementação efetiva das *Diretrizes* em instâncias específicas ainda mais difíceis do que em países signatários. Conforme observado nos comentários ao capítulo de Políticas Gerais, embora as *Diretrizes* sejam mais abrangentes do que a lei em muitos casos, estas não devem e não se destinam a colocar a empresa numa situação em que a mesma enfrente exigências contraditórias.
- As partes envolvidas deverão ser informadas sobre as limitações inerentes à implementação das *Diretrizes* em países não-signatários.

- As questões relacionadas com as *Diretrizes* nos países não-signatários também podem ser discutidas nas reuniões do PCN, com o objetivo de desenvolver expertise no tratamento de questões que surgirem em países não-signatários.

Prazo de referência

51. O procedimento de instância específica compreenderá cinco etapas diferentes:

1. *Coordenação*: Quando relevante, coordenar com outros PCNs com base nas características da Instância Específica recebida para identificar o PCN principal. Os acordos iniciais de coordenação para identificar o PCN principal e os PCNs de apoio devem ser concluídos em dois meses.
2. *Avaliação inicial e decisão de oferecer bons ofícios para auxiliar as partes*: Os PCNs devem procurar concluir uma avaliação inicial no prazo de três meses após a identificação do PCN principal e dos PCNs de apoio, embora um prazo adicional possa ser necessário para rrecolher ou traduzir as informações necessárias para uma decisão fundamentada.
3. *Assistência às partes nos seus esforços para resolver as questões apresentadas*: Se um PCN decidir oferecer os seus bons ofícios, ele deve esforçar-se para facilitar a resolução das questões em tempo útil. Reconhecendo que o progresso através dos seus bons ofícios, incluindo mediação e conciliação, depende em última instância das partes envolvidas, o PCN deve, após consulta às partes, estabelecer um prazo razoável para a discussão entre as mesmas sobre as questões apresentadas. Se não chegarem a um acordo dentro deste prazo, o PCN deverá consultar as partes sobre a pertinência da sua assistência às mesmas. Se o PCN chegar à conclusão de que não é provável que a continuação do procedimento seja produtiva, ele deverá concluir o processo e proceder à elaboração de uma declaração.
4. *Conclusão do procedimento:* O PCN deve esforçar-se para emitir a sua declaração no prazo de três meses após a conclusão do procedimento.
5. *Acompanhamento*: O PCN pode definir o seu próprio cronograma para qualquer acompanhamento, em consulta com as partes.

52. Como princípio geral, os PCNs devem esforçar-se para concluir o procedimento no prazo de 12 meses (14 meses se houver necessidade de coordenação para identificar um PCN principal) desde a receção da instância específica até à sua conclusão. Reconhece-se que este prazo poderá ter de ser estendido se as circunstâncias o justificarem. Tais situações incluem, mas não se limitam a situações em que as questões surgem num país não-Signatário, quando a instância específica envolve várias empresas, vários peticionantes e vários PCNs, ou quando são necessárias traduções. Sempre que sejam esperados ou ocorrerem atrasos no tratamento de uma instância específica, o PCN deve informar as partes atempadamente, de modo a manter a previsibilidade dos procedimentos. O PCN, de acordo com os seus procedimentos para o tratamento de casos, pode decidir publicar atualizações sobre a evolução dos casos.

Apresentação de Relatórios ao WPRBC e ao Comité de Investimentos

53. A elaboração e apresentação de relatórios constitui uma das principais responsabilidades dos PCNs, que contribui também para a criação de uma base de conhecimento e competências essenciais para promover a eficácia das *Diretrizes*. Desta forma, os PCNs apresentarão um relatório anual ao WPRBC e ao Comité de Investimentos para incluir, no Relatório Anual sobre as *Diretrizes* da OCDE, as informações de todas as instâncias específicas iniciadas pelas partes. O WPRBC fornecerá ao Comité uma análise dos relatórios anuais do PCN que será incluída no Relatório Anual sobre as *Diretrizes*. Os relatórios anuais dos PCNs devem incluir instâncias específicas nas etapas de Coordenação, Avaliação Inicial, Bons Ofícios, Conclusão ou Acompanhamento. Na apresentação do relatório das atividades de implementação em instâncias específicas, os PCNs cumprirão com as observações de transparência e confidencialidade

estabelecidas no parágrafo I.C-6-7 dos Procedimentos e nos seus procedimentos para o tratamento de casos.

Apoio aos esforços do governo para promover uma conduta empresarial responsável

54. A Decisão reconhece o apoio que os PCNs podem prestar no desenvolvimento, administração e coerência das políticas e programas governamentais que promovem a conduta empresarial responsável, quando apropriado e em acordo com os órgãos governamentais competentes. Em particular, os PCNs podem apoiar o alinhamento de tais esforços com as *Diretrizes* e contribuir para que estas continuem a ser identificadas como uma referência internacional no domínio da conduta empresarial responsável, bem como outros instrumentos e guias da OCDE que decorrem das *Diretrizes*, como o guia de devida diligência da OCDE.

55. Existem várias opções através das quais os PCNs podem apoiar os respetivos governos nos seus esforços para desenvolver, implementar e fomentar a coerência das políticas para promover a conduta empresarial responsável, dependendo do contexto. Em primeiro lugar, os PCNs são incentivados a informar os organismos públicos competentes, partilhando as suas declarações e relatórios, bem como outros dados, pesquisas e perspetivas que sejam considerados pelo PCN como relevantes para as políticas e programas de um organismo específico, tais como a defesa comercial, a diplomacia económica, ou outros apoios e serviços para as empresas. Em segundo lugar, os países signatários têm considerado útil envolver os seus PCNs no desenvolvimento e implementação de políticas ou programas, tais como planos nacionais de ação sobre conduta empresarial responsável e/ou negócios e direitos humanos. Esta disposição não altera a natureza voluntária das *Diretrizes*, e qualquer apoio prestado ou solicitado ao PCN deve ter em consideração as suas capacidades e prioridades, e não deve prejudicar a sua aptidão para cumprir as suas responsabilidades descritas na Decisão e nos Procedimentos.

II. Comentários sobre os Procedimentos para o Comité de Investimentos, o WPRBC e o Secretariado

56. Os Procedimentos para a Decisão do Conselho fornecem orientações adicionais ao Comité, ao WPRBC e ao Secretariado no exercício das suas responsabilidades, incluindo:

- Cumprimento das responsabilidades de forma eficiente e atempada.
- Observação dos pedidos de assistência dos PCNs, inclusive fornecendo esclarecimentos, orientações e informações sobre a interpretação das *Diretrizes* em instâncias específicas.
- Organização de discussões sobre as atividades dos PCNs.
- Possibilidade de consultar parceiros e especialistas internacionais.

57. O caráter voluntário das *Diretrizes* impede o Comité de atuar como órgão judicial ou quasi-judicial. As conclusões e declarações do PCN (exceto as interpretações das *Diretrizes*) também não devem ser questionadas por intermédio do seu encaminhamento para o Comité. A disposição segundo a qual o Comité não pode chegar a conclusões sobre a conduta de empresas individuais foi mantida na própria Decisão.

58. O Secretariado e o WPRBC examinarão os pedidos de assistência dos PCNs em caso de dúvida quanto à interpretação das *Diretrizes,* em instâncias específicas a decorrer. Em tais situações, os PCNs devem primeiro entrar em contato com o Secretariado para obter informações sobre a interpretação das *Diretrizes* em casos semelhantes. Quando tais informações não estiverem disponíveis ou forem insuficientes para auxiliar o PCN, ou o Secretariado não estiver em condições de auxiliar o PCN, o PCN poderá procurar a orientação do WPRBC. Tais solicitações serão tratadas de forma confidencial e com agilidade, conforme a disponibilidade de recursos. Para agilizar o tratamento de pedidos de orientação, o WPRBC pode organizar reuniões pontuais ou formar um subgrupo para responder a tais solicitações.

Neste caso, o WPRBC desenvolverá procedimentos a serem seguidos pelo subgrupo. As informações fornecidas pelo Secretariado e as orientações do WPRBC serão tratadas como confidenciais, específicas para a situação em apreço e de caráter consultivo. O Secretariado apresentará relatórios regulares ao WPRBC, e o WPRBC informará regularmente o Comité sobre as questões na origem dos pedidos de informação e orientação e sobre as respostas fornecidas, com o devido respeito pela confidencialidade. Se o WPRBC considerar que uma questão sobre a qual a orientação é solicitada exige um esclarecimento relativo à interpretação das *Diretrizes*, convidará o PCN a solicitar esclarecimentos ao Comité com base na Seção II.2.c) dos Procedimentos.

59. Os esclarecimentos sobre a interpretação das *Diretrizes* sob a Seção II.2.c) dos Procedimentos continuarão a ser uma responsabilidade fundamental do Comité para garantir que a interpretação das *Diretrizes* não será diferente de um país para outro. Um pedido de esclarecimento pode ser apresentado por um país Signatário, um órgão consultivo (BIAC ou TUAC) ou a OECD Watch, inclusive no caso de um PCN ter interpretado corretamente as *Diretrizes,* ou se um Comité anterior o fez corretamente numa instância específica concluída. Os esclarecimentos do Comité serão preparados pelo WPRBC com o apoio do Secretariado, conforme procedimentos a serem definidos pelo Comité, e serão divulgados no site da OCDE. O Comité de Investimentos não concluirá sobre a conduta de empresas individuais ao emitir os seus esclarecimentos, e não se espera que os PCNs reabram uma instância específica como resultado de um esclarecimento.

60. Ao discutir as atividades do PCN, o Comité pode fazer recomendações, conforme necessário, para melhorar o seu funcionamento, inclusive no que diz respeito à implementação efetiva das *Diretrizes* e para lidar com qualquer situação em que um PCN deixe de funcionar. Em particular, o Comité pode determinar, com base nos dois últimos ciclos de relatórios anuais de um PCN, e como resposta a uma proposta do WPRBC, que um PCN, por um longo período e sem motivo legítimo, não tem operado de forma coerente com os Procedimentos. Tal constatação pode sbasear-se, por exemplo, em repetidas faltas de alocação dos recursos necessários para o exercício básico das responsabilidades do PCN, acordos institucionais comprovadamente inadequados, ausência de atividades promocionais, atrasos indevidos repetidos e significativos no tratamento de instâncias específicas ou falta de relatórios. O Comité pode então fazer recomendações ao país do PCN e convidá-lo a apresentar um relatório sobre a implementação dentro de um prazo específico e fazer recomendações adicionais caso tal relatório não convença o Comité de que o PCN está a funcionar de forma coerente com os Procedimentos. maneira a O Comité pode solicitar ao Secretariado que auxilie o país Signatário na implementação das recomendações. O país Signatário cujo PCN está envolvido deve participar no processo de boa-fé e espera-se que subscreva o consenso, exceto em circunstâncias excecionais, conforme determinado por aquele país.

61. Relatórios fundamentados submetidos por um país Signatário, um órgão consultivo (BIAC ou TUAC) ou a OECD Watch, informando que um PCN não teria cumprido com as suas responsabilidades processuais na implementação das *Diretrizes* em instâncias específicas, também serão analisados pelo Comité. A resposta do Comité será preparada pelo WPRBC com o apoio do Secretariado, de acordo com os procedimentos definidos pelo Comité. Será aprovado por consenso. O país Signatário cujo PCN for objeto de um relatório fundamentado deve participar no processo de boa-fé e espera-se que subscreva o consenso, exceto em circunstâncias excecionais determinadas por aquele país. O Comité dará ao país Signatário em questão a possibilidade de expressar a sua opinião sobre o relatório fundamentado antes da sua decisão, e o Comité poderá convidar o país Signatário a apresentar um relatório sobre a implementação de quaisquer recomendações dentro de doze meses a partir da resposta.

62. Para envolver os países não-signatários em questões abrangidas pelas *Diretrizes*, o Comité pode convidar países não-signatários interessados para as suas reuniões, Mesas Redondas anuais sobre Responsabilidade Empresarial e reuniões relacionadas com projetos específicos sobre conduta empresarial responsável.

63. Por fim, o Comité e o WPRBC podem solicitar a especialistas que abordem e apresentem relatórios sobre questões mais amplas (por exemplo, trabalho infantil ou direitos humanos), questões individuais, ou que melhorem a eficácia dos procedimentos. Para este fim, o Comité poderá recorrer a especialistas internos da OCDE, a organizações internacionais, aos órgãos consultivos (BIAC e TUAC), à OECD Watch, a organizações não governamentais, à academia, entre outros. Entende-se que, para resolver questões individuais, não será constituído um comité.

www.ingramcontent.com/pod-product-compliance
Ingram Content Group UK Ltd.
Pitfield, Milton Keynes, MK11 3LW, UK
UKHW051643031026
15588UKWH00007B/1303

9 789264 835016